JN117682

入門講義
簿記論

友岡 賛
TOMOOKA Susumu

木村 太一
KIMURA Taichi

慶應義塾大学出版会

緒言

　本書は慶應義塾大学の通信教育部の簿記論のテキストとして書かれたものの市販版であるが、従前のこのテキストは 1976 年に刊行された和田木松太郎著の『簿記論』であって、これは実に 50 年近くもの間、用いられてきた。

　今日一般に用いられている簿記は「複式簿記」と称されるものであって、本書にも言及されるように、これは 13 世紀頃のイタリアにおいて成立をみたとされ、今日に至るまで 800 年もの間、不変に用いられてきており、この 800 年に較べれば、和田木著もたかが 50 年ともいえようが、しかしながら、とはいうものの、細部については陳腐化をみている箇所も散見され、かくして、新たに『簿記論』を著すこととなった。

　なお、本書は共著とはいえ、一つの書としてまとめるからには諸々の点について統一を図るべきとは考えるが、しかしながら、共著者はいずれも表記の類いにかなりの拘りをもっていることに鑑み、あえて表記の統一はこれを控えることとした。ご宥恕頂きたい。

　毎々のことながら、慶應義塾大学出版会の木内鉄也氏には洵にお世話になった。友岡にとって木内氏を編集者としての上梓は実に 7 冊めということになる。万謝申し上げたい。

　2023 年 7 月 13 日、三田の自宅にて

友岡　賛

目次

第1章 簿記と複式簿記と会計

第1節 簿記の意義

　簿記とは何か。**簿記は記録である**。いま少し具体的にいえば、**財産にかんする記録**である。

　簿記の目的は何か。「簿記」と称される財産にかんする記録は、むろん、何らかの目的をもっておこなわれるが、その目的は何も一つとは限らないし、また、不変というわけでもない。とはいえ、簿記の原初的にして第一義的な目的は**財産の管理**である。すなわち、財産を管理するためにそれについて記録する、ということである。

　そうした財産管理という目的のために何を記録するのか、といえば、それは財産の在り高と増減である。どれだけの財産があるかを記録し、それがどれだけ増減したかを記録するのである。これを大雑把に言い換えるならば、それは資本と利益にかんする記録ということができる。もともとどれだけの財産があるか（あったか）という意味におけるもともとの財産は元手、すなわち資本であって、それが増えたならば増えた分は儲け、すなわち利益（減った場合は損失）ということになる。

▎第2節　会計と簿記

　第1節は簿記の原初的にして第一義的な目的に財産の管理を挙げたが、他方、簿記は会計において用いられている。

　会計とは何か。**会計は説明である。**いま少し具体的にいえば、資本と経営の分離という状況においておこなわれる説明である。ここに資本とは出資者のことであって、また、経営とは経営者のことであって、すなわち、出資者と経営者が同じ人ではない、という状況をもって「資本と経営の分離」という。経営者は他者から資本の提供を受け、経営をおこなっている。会計はこうした状況において経営者から出資者に対しておこなわれる説明であって、経営者は自身のおこなっている経営の顛末を資本の提供者に説明する。

　こうした会計という説明行為は**財務諸表**というものをもっておこなわれる。簿記は財務諸表の作成に用いられている。

▎第3節　複式簿記

　今日一般に用いられている簿記は「**複式簿記**」と称されるものである。

　複式簿記とは何か。複式簿記は英語では「ダブル‐エントリー・ブックキーピング(double-entry bookkeeping)」といい、ダブル‐エントリーは複式記入、ブックキーピングは簿記であるから、文字どおりにいえば、複式記入による簿記ということになる。

　複式記入とは何か。一言でいえば、取引を二面的に把握した形でもって(帳簿に) 書き入れることである。ここにおける取引、すなわち**簿記における取引**とは、簡単にいってしまえば、財産の増減をもたらす事象のことであって、そうした取引はそもそもそれ自体に二面性があるとされる。

　例えば土地を購入した場合には購入代金が支払われ、それとともにその土地が所有物になる。すなわち、この取引は現金という財産の減少および土地という財産の増加の二つをもたらす二面的な事象として把握される。

　また、例えば人にカネを貸した場合にはそれだけのカネが借り手の手に渡り、それとともに貸付金という債権が生ずる。すなわち、この取引は現金という財産の減少および貸付金という財産の増加の二つをもたらす二面的な事象として把握される。

　複式簿記は、取引のもつ二面性ゆえに複式記入をもっておこなわれる財産にかんする記録、あるいは、取引のもつ二面性ゆえに複式記入をもっておこなわれる資本と利益の記録、として捉えられる[1]。

■ 第4節　財務諸表

　第2節に言及された財務諸表とは何か。「財務諸表」という呼称は複数の財務表を意味しており、これには種々の財務表がふくまれるが、主要なものとしては**貸借対照表**と**損益計算書**の二つが挙げられる。貸借対照表は財産の状態を表し、損益計算書は利益（ないし損失[2]）をそれをもたらす原因とともに示し、それぞれ下掲のような構造をしている。

（借方）　　　貸借対照表　　　（貸方）

資産	負債
	資本

（借方）　　　損益計算書　　　（貸方）

費用	収益
利益	

1　このような複式簿記というシステムは13世紀頃のイタリアにおいて成立をみたとされており、今日に至るまで800年もの間、不変に用いられてきているが、それはこの複式簿記が極めて完成度の高いシステムであるからにほかならない。
2　損失の場合の損益計算書は下掲のようになる。

（借方）　　　損益計算書　　　（貸方）

費用	収益
	損失

なお、複式簿記においては左側を「**借方**」と称し、右側を「**貸方**」と称する[3]。

貸借対照表は借方に資産が記載され、貸方には負債および資本が記載される。資産は借方の項目、負債および資本は貸方の項目とされる。損益計算書は貸方に収益が記載され、借方には費用が記載され、差額として利益が示される。収益は貸方の項目、費用は借方の項目とされる。

▋第5節　簿記の基礎概念

簿記ないし会計における基礎概念としては貸借対照表および損益計算書を構成する「資産」、「負債」、「資本」、「収益」、「費用」、および「利益」、さらには第3節に既出の「取引」が挙げられる。

「資産とは云々」といったように資産の定義を述べたいところながら、これら基礎概念の定義はなかなかに難しい。**資産**についてもこれまでに色々な定義が示されてきているが、どれも決定的ではない[4]。差し当たっては一般に日常用語でいう「財産」とほぼ同義のものとしておけばよいが、ただし、[資産 ⊃ 財産] という関係にある。すなわち「資産」概念の方が広く、資産のなかには一般にいう「財産」には該当しないようなものもあり、これは会計固有の理屈によっている。なお、資産をもってプラスの財産ないし積極財産とし、他方、負債をもってマイナスの財産ないし消極財産とする捉え方もある。

叙上のようにマイナスの財産とも捉えられる**負債**であるが、要するに財産

3　その理由は割愛する。
4　定義はなかなかに難しい。
　明確な定義、具体的な定義には漏れの虞がある。すなわち、例えば「資産とは将来の費用のことである」といった定義の場合、この定義からは漏れてしまう資産がある。
　他方、一元論的な定義、漏れのない定義を追求した場合には無内容な定義になってしまう虞がある。すなわち、例えば「資産とはサービス・ポテンシャルズ（用役潜在力）を有するもののことである」といった定義は抽象度が高く、漠としており、無内容ともいえる。
　資産の種々の定義および定義するということの難しさについて下記のものを参照。
　友岡賛『会計学原理』2012年、149 ～ 159頁。

を引き渡す義務、すなわち支払い義務・返済義務のことを負債という。ところで、貸借対照表の右側は資金の調達を表している。資金の調達方法の一つは資金の借り入れであるが、借りたものは返さなければならない、という意味において返済義務が生じ、そうした義務を負債という。また、借りたものであって自分のものではない、という意味において負債を「他人資本」と呼ぶこともある。

　資金の調達方法のいま一つは資金の提供を受けるというものであって、そうして手に入れた資金を**資本**という。そうした資金・資本の提供者が第2節に既出の出資者であって、株式会社の場合は株主という。この資金・資本は、借りたものではないから返す必要がなく、自分のものである、という意味において「自己資本」と呼ばれることもある。

　貸借対照表の左側は資金の運用を表している。提供を受けた資金、あるいは借り入れた資金を用いることによって種々の資産が所有される。資産は資金の運用形態にほかならない。

貸借対照表

| ＜資金の運用＞　　資産 | ＜資金の調達＞
負債
（他人資本） |
| | ＜資金の調達＞
資本
（自己資本） |

　また、資産をもってプラスの財産ないし積極財産とし、他方、負債をもってマイナスの財産ないし消極財産とする捉え方によれば、次頁に示されるようになり、この場合、資本は正味の財産として捉えられる。

貸借対照表

資産	負債
プラスの財産	マイナスの財産
	資本
	正味の財産

収益の定義も難しいが、まずは、経済活動の成果であって財産の増加をもたらす事象、として捉えられ、他方、**費用**は、収益を得るために費やしたものであって財産の減少をもたらす事象、として捉えられる。すなわち、収益および費用は、財産の増加ないし減少をもたらす、という意味において財産の増減の原因を表しているともいえる。

利益（ないし損失）は経済活動の正味の成果であって［収益 － 費用 ＝ 利益］として捉えられ、この式からは、利益は収益と費用によってもたらされる、として捉えられ、収益および費用は、利益をもたらす、という意味において利益の原因を表しているともいえる。

また、［収益（→財産の増加）－ 費用（→財産の減少）＝ 利益］という関係によれば、利益は財産の正味の増減として捉えられ、したがって、収益および費用は、前述のとおり、財産の増減の原因を表す、とも、あるいは、利益の原因を表す、ともいうことができる。

取引とは資産、負債、資本の増減をもたらす事象のことであって、簿記においては経済活動が「取引」概念をもって把握される。すなわち、簿記においては経済活動が資産、負債、資本の増減をもたらす事象として記録される。

第6節　会計期間

会計（第2節によれば、経営者から出資者に対しておこなわれる経営の顛末の説明）は一定期間についておこなわれる。この一定期間のことを「**会計期間**」と称し、一般に1年間とされる[5]。この会計期間（X0年4月1日～X1年3月31日）における財務諸表は次頁に示されるような関係にある。

X0 年 4 月 1 日（期首）の貸借対照表

| 資産 | 負債 |
| | 資本
（正味の財産）
30 |

↓

X0 年 4 月 1 日〜 X1 年 3 月 31 日の損益計算書

| 費用 | 収益 |
| 利益
20 | |

↓

X1 年 3 月 31 日（期末）の貸借対照表

| 資産 | 負債 |
| | 資本＋利益
（正味の財産）
50 |

　すなわち、この設例の場合、期首に 30 であった正味の財産が期末には 50 に増えている。この増加はこの 1 年間の経済活動の結果である。損益計算書は、この増加はどうしてもたらされたのか、という原因を表している。この 1 年間にこれだけの収益があって、これだけの費用があって、その結果、正味の財産が 50 に増えた、ということである。

5　こうした会計期間が用いられているのは会計が**継続企業**、すなわち終了が予定されていない企業を前提におこなわれているからである。終了が予定されている企業の場合にはその終了を待って会計（経営の顛末の説明）をおこなうことができるが、他方、終了が予定されていない企業の場合は、したがって、終了を待つことができず、したがって、期間を区切って会計をおこなう。
　詳しくは下記のものを参照。
　友岡賛『歴史にふれる会計学』1996 年、97 〜 110 頁。
　友岡賛『会計の歴史（改訂版）』2018 年、94 〜 117 頁。

▌第7節　勘定

　資産の具体的な項目には例えば現金、商品、貸付金、建物、土地などが挙げられ、負債の具体的な項目には例えば借入金、社債などが挙げられ、資本の具体的な項目にはまずは資本金が挙げられ、収益の具体的な項目には例えば売上、受取手数料、受取家賃、受取利息などが挙げられ、費用の具体的な項目には例えば給料、支払家賃、支払利息などが挙げられる[6]。

　簿記において資産、負債等々の増減等を記録するための細分化された単位を「**勘定**」と称し、例えば現金勘定、借入金勘定、資本金勘定、売上勘定、給料勘定等々がある。

　こうした勘定における記録は「勘定記入」と呼ばれ、次のようにおこなわれる。

　例えば現金は資産であって、第5節に述べられたように、資産は借方の項目であって、したがって、現金は借方の項目である。したがって、現金の増加は借方に記録され、現金の減少は反対側（貸方）に記録される。また、例えば借入金は負債であって、第5節に述べられたように、負債は貸方の項目であって、したがって、借入金は貸方の項目である。したがって、借入金の増加は貸方に記録され、借入金の減少は反対側（借方）に記録される。

（借方）	現金	（貸方）
増加		減少

（借方）	借入金	（貸方）
減少		増加

6　具体的な項目についての説明は次章以降においておこなわれる。

▌第8節　仕訳

　第3節に述べられたように、複式簿記は取引を二面的に把握するが、この取引の二面的把握はまずは**仕訳**という形をもっておこなわれる。

　例えば第3節に挙げられた「土地を購入した場合には購入代金が支払われ、それとともにその土地が所有物になる。すなわち、この取引は現金という財産の減少および土地という財産の増加の二つをもたらす二面的な事象として把握される」という取引の二面的把握は、購入代金を XXX 円とすれば、下記のように捉えられ、この捉え方を「仕訳」と称し、この仕訳は「借方、土地 XXX 円、貸方、現金 XXX 円」と読む。

（借方）土地　XXX ／（貸方）現金　XXX

　なお、土地の増加は借方であって、現金の減少は貸方である、ということの理屈は第7節に述べられた勘定記入（勘定における記録）の理屈と同様である。すなわち、土地も現金も資産であって、第5節に述べられたように、資産は借方の項目であって、したがって、土地も現金も借方の項目である。したがって、土地の増加は借方に記録され、現金の減少は反対側（貸方）に記録される。

　また、これも第3節に挙げられた「人にカネを貸した場合にはそれだけのカネが借り手の手に渡り、それとともに貸付金という債権が生ずる。すなわち、この取引は現金という財産の減少および貸付金という財産の増加の二つをもたらす二面的な事象として把握される」という取引の二面的把握は、貸したカネの額を XXX 円とすれば、下記のように捉えられ、この仕訳は「借方、貸付金 XXX 円、貸方、現金 XXX 円」と読む。

（借方）貸付金　XXX ／（貸方）現金　XXX

　なお、貸付金の発生は借方である、ということの理屈は上記の土地等の場合と同様であって、すなわち貸付金は資産であって、資産は借方の項目であって、したがって、貸付金は借方の項目であって、したがって、貸付金の発生は借方に記録される[7]。

■第9節　財務諸表の作成プロセス

　財務諸表の作成は今日一般に複式簿記を用いておこなわれる。このプロセスは第8節に述べられた仕訳、すなわち取引の二面的把握にはじまり、第7節に述べられた勘定記入、すなわち勘定における記録を経て、「**決算**」と称される期末（会計期間の末日）の処理に至る。

財務諸表の作成プロセス

```
仕訳 → 勘定記入 → 決算
```

　このプロセスの詳細は次章以降に述べられる。

7　このような仕訳は会計の専門家に固有の表現手段であって、会計専門家の間では「それって仕訳はどうなるの？」といったコミュニケーションがおこなわれる。

第2章　簿記の基本

第1章にて述べたとおり、財務諸表の作成は、今日一般に複式簿記を用いて行なわれ、その大まかな流れは、「**仕訳→勘定口座への記入→財務諸表の作成**」である。本章では、これらのうち、**仕訳と勘定口座への記入**という2つのプロセスについて、その基本的な方法を解説する。また、最後のプロセスである、**財務諸表の作成**について、正確な方法よりも大まかなイメージを優先して説明をする（正確な方法は、第4章にて解説する）。

▌第1節　財務諸表作成のプロセス

はじめに、簿記を用いて財務諸表を作成する際のプロセスを簡単に復習しよう。まずは、取引（＝財産の増減をもたらす事象）を仕訳という形で記録する。前章第3節にて触れたとおり、取引には、**二面性**があるとされる。たとえば、商品を購入して現金を支払った場合には、この取引によって、①現金という財産の減少と②商品という財産の増加、という2つの結果がもたらされることになる。そして、仕訳は、そうした取引によって生じる2つの結果を、ひとまとめにして（つまり、二面的に）捉えるのに適した形になっている（仕訳の説明は、本章第2節参照）。

仕訳によって取引を記録した後、当該仕訳による記録は、「**勘定口座**」という場所に**転記**される。第1章で触れたとおり、「**勘定**」とは、簿記において資産、負債等の増減を記録するための細分化された単位である。たとえば、

同じ資産であっても、現金と商品とは別々に記録されるが、それぞれの資産を別々に記録するために、現金勘定や商品勘定といった勘定が、それぞれ設定される。そして、現金なり商品なりといった各単位の増減を記録する場所を「勘定口座」（あるいは、単に「勘定」）というのである。そして、勘定口座への記入（＝勘定記入）は、仕訳（の情報）を転記することによって行なわれる。たとえば、商品を購入して現金を支払った場合には、現金という財産の減少がもたらされることになるから、この現金の減少を仕訳によって把握（記録）し、そして、この仕訳上の記録を現金勘定口座へと転記する。こうすることで、現金勘定口座に現金の増減記録が集められる。つまり、転記とは、取引別の記録である仕訳を基に、項目別の記録場所である勘定口座への記入を行なうことだといえるだろう（転記による勘定記入の説明は、本章第3節参照）。

　最後に、勘定口座の記録をまとめて、**財務諸表**を作成する。前章第4節で触れたとおり、財務諸表の主要なものとして、財産の状態を示す**貸借対照表**と、利益（ないし損失）を、その原因とともに示す**損益計算書**とが存在する。なお、期中に行なわれた記録をまとめ、財務諸表を作成する作業を「**決算**」と呼ぶ（財務諸表の作成の説明は、本章第4節、および第4章参照）。

　ここまでのプロセスを図にまとめると以下のとおりである。

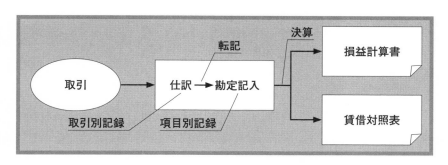

第2節　仕訳の基本形式

（1）仕訳の基本形式

「**仕訳**」とは、取引の記録方法の1つである。取引の記録方法としては、「4月1日、現金50円を銀行から借り入れた」というように、文章にて記録する方法も考えられる。しかし、会計の場合には、仕訳という特殊な形式を以て取引を記録する。この節では、仕訳の基本的な形式を見ていく。仕訳の形式には細かいものもたくさんあるが、まずは細かい部分には拘らず、仕訳にとって必要不可欠な形式を摑んでいこう。

仮に、「4月1日、現金50円を銀行から借り入れた」という取引が生じた場合の仕訳を示すと以下のようになる。

まず、一旦、日付を度外視すると、仕訳は大きく左右に分かれる。つまり、この例では、「現金　50」と「借入金　50」とを、それぞれ1つの塊として考えるのである。そしてその塊を、左右に1つずつ配置して1つの仕訳が完成する。そして、それぞれの塊は、「現金」や「借入金」といった「**勘定科目**」と呼ばれる部分と、「50」といった金額を表す数値部分とで構成されている。

勘定科目について、もう少し説明しよう。まず、第1章でも見たとおり、簿記においては、資産、負債等の増減を記録するために、「勘定」と呼ばれる細分化された単位を用いる。たとえば、同じ資産であっても、現金と商品とは別々に記録されるが、それぞれの資産を別々に記録するために、現金勘定や商品勘定といった勘定が、それぞれ設定される。そして、それぞれの勘

定に付された名称（「現金」や「商品」）を「勘定科目」と呼ぶのである。それゆえ、勘定科目は、取引によって「何が」（増減したか）を表す部分といえる。

　先に挙げた仕訳例では、現金の増減を記録する**現金**勘定とともに、**借入金**勘定が登場している。この借入金勘定は、「借金（による資金の調達）」を記録するための勘定である。こうして、「現金　50」、「借入金　50」という記録を行なうことで、①「現金が50円増えた（あるいは、減った）」ということと、そして、②「借金（による資金の調達）が50円増えた（あるいは、減った）」ということとが、それぞれ記録されることになる（増減をどのように区別するかは、後述する）。

　ここまでの説明を一旦まとめると、仕訳は、勘定科目と金額との組み合わせを左右に1セットずつ記入する記録方式で、a）勘定科目によって「何が（＝どんな財産等が）」、b）金額によって「どれくらい」という情報が、それぞれ記録されることになる。残るは、それら財産等が「どうしたか」に関する情報の記録であるが、簿記では、財産等の増減、すなわち、「増加したのか、減少したのか」に関する記録が行なわれる。

　それでは、財産等の増減をどのように表現しているのだろうか。簿記において、これを表しているのが、記録の位置（左右）である。まず、仕訳例の中で「現金　50」の記録に注目しよう。この仕訳では、「現金　50」の塊が左側（簿記では、**借方**という）に記録されている。これにより、（現金が50円）「増加した」ことが表現される。なぜ、借方に記録することが増加を表すことになるのだろうか。理由を端的に述べれば、貸借対照表で現金勘定が借方に表示されるからである。

　ここで、貸借対照表を思い出してみよう。**貸借対照表**とは、財産の状態を示す表である。より具体的には、現金や土地、建物といった財産が期末にどれくらい存在するか、期末に借金がどれくらいあるかが示されている。そして、第1章で示された貸借対照表を再掲すれば、次頁のとおりである。

```
        (借方)        貸借対照表       (貸方)
      ┌─────────────────┬─────────────────┐
      │                 │      負債       │
      │                 ├─────────────────┤
      │      資産       │                 │
      │                 │      資本       │
      │                 │                 │
      └─────────────────┴─────────────────┘
```

　ここに見られるとおり、貸借対照表には、「資産」、「負債」、「資本」とい
う３つのカテゴリーが用意され、当該カテゴリーごとに、表示される場所が
決められている。このうち、資産（に属する勘定）は貸借対照表の借方に表
示されている。ここで（第１章で触れたが）「**資産**」とは、日常用語でいう財
産のことである、と考えて当面の間は差し支えない（ただし、第１章でも述
べたとおり、日常用語の「財産」よりも、会計上の「資産」の方が、やや広い概
念である）。そして、現金は、日常用語で財産の一種とされるだろうから、
会計上も資産として扱われる。したがって、現金が期末にどれくらい企業に
存在しているかは、貸借対照表の借方にて表現されることになる。

　また、仕訳は、貸借対照表（や損益計算書）を作成するために行なわれる。
それゆえ、現金のような資産は、貸借対照表において資産が表示される側で
ある、借方に記録を行なうことで、増加を表す約束になっている。逆に、減
少を表す場合には、その逆側である、右側（簿記では、「**貸方**」という）に記
録を行なう。

　ここで大事なのは、「借方に記録すると増加、貸方に記録すると減少」で
はないという点である。あくまでその項目が、最終的に財務諸表で表示され
るのと同じ側に記録すれば増加（逆側に記録すれば減少）なのであって、貸
借（＝右左）と増減とが直接結びついているわけではない。

　たとえば、この仕訳例のもう１つの要素である「借入金　50」を見てみよ
う。先に触れたとおり、借入金は、「借金（による資金の調達）」を表す勘定
である。そして、借入金に代表されるような、調達した資金のうち、借り入
れによって調達した分を表すカテゴリーを「**負債**」という。また、金銭を借
りたということは、将来において金銭を返す（＝金銭を払う）必要があるこ

とを意味する。それゆえ、「負債」とは、広く、将来において金銭を支払う義務を表すカテゴリーでもある（資産や負債の捉え方については、第1章第5節、[補遺2-4]、[補遺2-5]も参照）。

　いずれにしても、上記のとおり、負債は貸借対照表の貸方に表示されるので、借金がどれくらい存在しているかは、貸借対照表の貸方にて表現されることになる（なぜ、貸借対照表において、負債と資本とが、資産とは逆の位置に表示されているのかについては、本章[補遺2-4]を参照）。したがって、借金を表す借入金勘定の場合には、仕訳において貸方に記録を行なうことで、増加したことが表現される（また、減少の記録は、借方に行なわれる）。

　このように、仕訳においては、財務諸表にて表示される位置と、同じ位置に記録すれば増加を、逆の位置に記録すれば減少を表すことになる。したがって、仕訳を行なうにあたっては、(1) その用いた勘定が、資産、負債、資本、収益、費用という勘定カテゴリーのうち、どのカテゴリーに属しているのか、そして、(2) 各勘定カテゴリーが財務諸表で表示される際に、どこに表示されるのか、という2点が大切である。

　以上の議論をまとめると、仕訳とは、その取引によって、a)「何が（＝どのような財産等が）」（勘定科目）、b)「どれくらい」（金額）、c)「増加したのか or 減少したのか」（位置）、を表す塊を、左右1セットずつ記入する取引の記録方式なのである。

　最後に、「左右1セットずつ」という点を説明しよう。第1章でも述べたとおり、取引には二面性がある。たとえば、今、挙げている、「現金50円を銀行から借り入れた」という取引でいえば、①「現金が50円増加した」という側面と、②「借金（による資金の調達）が50円増加した」という側面との、2つの側面がある。

　そして、①「現金が50円増加した」という側面を表現する「現金　50」という記録と、②「借金（による資金の調達）が50円増加した」という側面を表現する「借入金　50」という記録とが、貸借に1セットずつ配置されて、1つの仕訳として完成する。このように、仕訳は、取引の持つ2つの側面を、それぞれ把握して1つの記録とする。このように、取引の持つ二面性に起因

して複式（貸借 2 ヶ所への）記入を行なうところに、複式簿記最大の特徴が
あるといえる。

　これまでの議論をまとめると以下のとおりである。

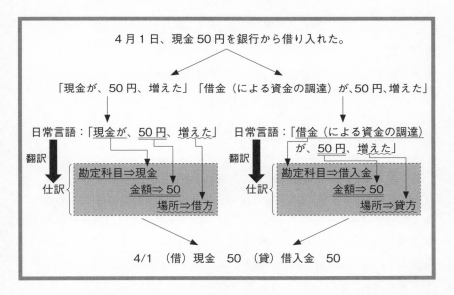

　以上が仕訳の基本形式である。企業の取引の中には、非常に複雑なものも
存在するが、どんなに記録の対象である取引が複雑になったとしても、記録
の方法（形式）は、この節で見たものが使われ続ける。

補遺 2-1 仕訳の表記方法

　正確な仕訳（仕訳帳への記入）の形式は第 3 章に示すが、仕訳はここで述
べたとおり、勘定科目と数値とが貸借に 1 セットずつ記録されていれば成立
する。したがって、第 3 章に述べるような仕訳帳への記入を特に想定しない
場面では、

現金　50　借入金　50

という表記で充分である。ただし、これはあくまで必要最低限の要素が並んでいるだけであるので、文献によって、

（借）現金　50　（貸）借入金　50

（借方）現金　50　（貸方）借入金　50

（借）現金　50／（貸）借入金　50

など、見やすさの工夫が見られる。本書では基本的に、

（借）現金　50　（貸）借入金　50

という表記を用いることとする。

（2）種々の仕訳と複式簿記の要素

　前節では、仕訳の形式に関する説明を行なった。本章の第1節でも見たとおり、財務諸表作成までの大まかな流れは、「仕訳→勘定口座への記入→財務諸表の作成」である。この流れに従えば、次は勘定口座への記入について解説することになるが、説明の便宜上、もう少し、様々な取引とそれに対応する仕訳とを見ておこう。

① 株式の発行（資本に属する項目を学ぶ）

　前節で見たのは、資金の借り入れであった。企業は、借り入れによって事業に必要な資金の調達を行なうが、第1章で見たとおり、企業の資金調達方法としては、資金の提供を受けるという方法もある。特に株式会社では、株式を発行することで、その対価として資金の提供を受ける。たとえば、次のような取引を想定してみよう。

> **設　例**
> ・4月1日、会社の設立にあたり株式を発行し、現金100円を受け取った。

　この場合、以下のような仕訳が行なわれる。

4/1　（借）現金　100　（貸）資本金　100

　ここでは、先に登場した現金勘定に加えて、新たに「**資本金**勘定」という勘定が登場している。この資本金勘定は、「事業を始める上での元手」とか、あるいは、（特に株式会社においては）「株主からの資金の調達」を表す勘定である。先にも述べたとおり、仕訳を行なうにあたっては、（1）その用いた勘定が、資産、負債、資本、収益、費用という勘定カテゴリーのうち、どのカテゴリーに属しているのか、そして、（2）各勘定カテゴリーが財務諸表で表示される際に、どこに表示されるのか、という 2 点が大切であった。そして、資本金勘定は、上記の勘定カテゴリーのうち、（その名のとおり）資本に属する。

　「**資本**」とは、（ほとんど、資本金勘定の意味と重なってしまうが）事業を開始するにあたっての元手を表すカテゴリーである。この「元手」とは、事業を行なうにあたって提供を受けた資金（企業から見れば、調達した資金）のことを指す。そして、先にも述べたとおり、株式会社においては、「**株式**」と呼ばれる会社の所有権を会社が発行し、これと引き換えに資金の提供を受ける（＝資金を調達する）。それゆえ、「資本」とは、株式発行による資金の調達分を表しているともいえる。なお、株式の所有者を「**株主**」ということから、資本は、株主からの資金の調達分ともいい換えられるだろう。

　また、株式とは会社の所有権であるから、株式の所有者である株主は、会社の所有者であるともいえる。それゆえ、会社が調達した資金のうち、株主から提供を受けた分は、その会社の所有者である株主に（間接的ながらも）帰属している分ともいえる。その意味で、資本は、株主への帰属分を表していると考えることもできる（資本の捉え方については、第 1 章第 5 節、［補遺2-4］、［補遺 2-5］も参照）。

　いずれにしても、ここで登場した資本金勘定を含め、資本に属する勘定の期末残高は、貸借対照表の貸方（の下側）に表示されることになる。したがって、「資本金　100」という記録を、（最終的に貸借対照表にて表示されるのと同じ場所である）貸方に記録することで、事業を始める上での元手（あるいは、

株主から調達した分）が、100円増加したことを表すことができる。

　この、「資本金　100」の貸方記帳に加えて、「現金が100円増えた」ことを表す「現金　100」の借方記帳を行なうことで、「会社の設立にあたり株式を発行し、現金100円を受け取った」という取引を、（①「現金が100円増えた」と②「株主からの調達が100円増えた」という）2つの側面から記録することができる。以上の議論をまとめたイメージを記せば以下のとおりである。

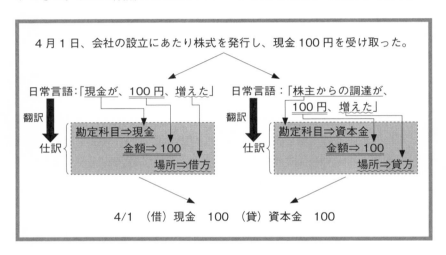

②　商品購入の仕訳（減少の記録を学ぶ）

　これまでは、増加の記録ばかりであったので、減少の記録も具体的に見てみよう。先にも述べたとおり、複式簿記においては、最終的に財務諸表で表示されるのと、貸借逆の位置に記録を行なうことで、減少の記録となる。たとえば、以下のような取引を想定しよう。

設　例
・4月13日、販売用の商品を120円で購入し、代金を現金で支払った。

4/13　（借）商品　120　（貸）現金　120

　この取引には、①「商品が 120 円増加した」という側面と、②「現金が
120 円減少した」という側面とが存在する。まず、①「商品が 120 円増加した」
という側面を記録するためには、商品を表す商品勘定（資産に属する）を設
定する。そして、「商品　120」という記録を借方に行なう。次いで、この仕
訳のポイントである②「現金が 120 円減少した」という側面であるが、こち
らは、「現金　120」という記録を貸方に行なって表現する。現金勘定は資産
に属し、資産は貸借対照表の借方に表示されているため、減少時には、その
逆の貸方に記録を行なうのである。以上の議論をまとめたイメージを記せば
以下のとおりである。

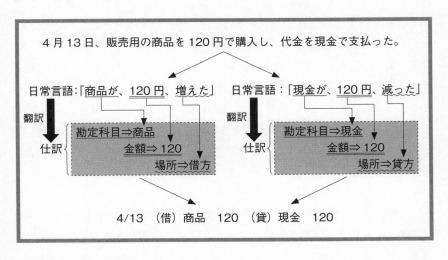

補遺 2-2　2 種類の資産で商品を購入した場合（複数科目の記入を学ぶ）

　上記の商品購入の設例では、商品を現金という 1 種類の資産で購入してい
た。これに対して、現金による支払いと、当座預金口座からの支払いとを組
み合わせて商品を購入した場合、以下のような仕訳が行なわれる。

> **設　例**
> ・4月13日、販売用の商品を120円で購入し、代金のうち70円を現金で、50円を当座預金口座から支払った。

4/13　（借）商品　120　（貸）　現金　　　70

当座預金　50

　まず、当座預金口座の増減は、「当座預金勘定」という勘定を用いて記録を行なう。これは、現金勘定と同様、資産に属する勘定である。そして、この仕訳のポイントは、貸方に現金勘定と当座預金勘定との2つの勘定科目が記入されていることにある。この取引には、①商品の増加と、②代金の支払いという2つの側面が存在するが、後者（②）の代金の支払いによって、現金と当座預金という2種類の資産が減少した場合には、それらの増減を記録する2つの勘定を、同時に貸方に記録する。

　このように、仕訳では、「借方に1つ、貸方に1つ」勘定科目が記録される場合ばかりではなく、ここで見た「借方に1つ、貸方に2つ」、さらには「借方に4つ、貸方に3つ」など、1つの仕訳の片側に複数の勘定科目を記録する場合も多くある。

③　商品販売の仕訳（収益に属する項目と費用に属する項目とを学ぶ）

　ここまでは、資産、負債、資本、収益、費用という勘定カテゴリーのうち、資産に属する現金勘定と商品勘定、負債に属する借入金勘定、資本に属する資本金勘定を紹介してきた。ここまで登場したのは皆、最終的に貸借対照表にて表示される項目であった。ここからは、損益計算書に表示される、収益に属する勘定と、費用に属する勘定とを紹介しよう。以下のような取引を想定する。

> **設 例**
> ・4 月 29 日、以前に 120 円で購入した商品のうち、半分を 90 円で販
> 　売し、代金を現金で受け取った。

　この取引では、2 つの事象が同時に起きたと考える。すなわち、a)「販売
した商品の対価として現金 90 円を受け取った」という事象と、b)「保有す
る 60 円分（＝ 120 円÷ 2）の商品を販売のため引き渡した」という事象である。
それぞれの事象に対して、行なった仕訳を示すと以下のとおりである。

　　　　　a）4/29　（借）現金　　　90　（貸）売上　90
　　　　　b）4/29　（借）売上原価　60　（貸）商品　60

　それぞれ見ていこう。まず、a）の「販売した商品の対価として現金 90 円
を受け取った」という事象は、これにより①「現金が 90 円増加した」とい
う側面がある一方で、販売という経営活動において、②「90 円分の成果が
あがった」という側面があると考えられる。このうち、①「現金が 90 円増
加した」という側面については、「現金　90」の借方記帳によって表現され
ている。

　この仕訳のポイントは、販売という経営活動において、②「90 円分の成
果があがった」という側面を表現する、貸方の「売上　90」である。ここで
新たに登場した「**売上勘定**」は、商品を販売したという経営活動の成果を記
録する勘定である。そして、当該売上勘定は、資産、負債、資本、収益、費
用という勘定カテゴリーのうち、収益に属する勘定である。

　そして、「**収益**」は、広く経営活動の成果を表すカテゴリーであると同時に、
儲けのプラス要素、延いては、株主への帰属分である資本のプラス要素を表
すカテゴリーである。「儲けのプラス要素、延いては、株主への帰属分であ
る資本のプラス要素」という点について、もう少し解説しよう。

　企業は、儲けを得ることを目的として経営活動を行なっている。ここで用
いた設例でいえば、60 円で購入した商品を 90 円で販売したのだから、この
活動を通じて 30 円の儲けがあったと考えられる。この儲けの計算は、90 円

から 60 円を差し引いていることから、90 円が儲けのプラス要素、60 円が儲けのマイナス要素といえる。

　ところで、資本の解説時に触れたとおり、株式の所有者である株主は、会社の所有者であるともいえる。したがって、仮に企業が儲けを得たならば、その儲けは最終的には当該企業の所有者である株主に帰属すると考えられる。そして、資本というカテゴリーは、株主への帰属分を表しているともいえるとも述べた。こうした考え方に従うならば、儲けのプラス要素は、株主への帰属分である資本のプラス要素として捉えることができる。このように、「収益」とは、広く経営活動の成果を表すカテゴリーであると同時に、資本のプラス要素を表すカテゴリーであるといえる。

　こうした、収益を資本のプラス要素とする考え方は、損益計算書において収益が表示される位置とも関連している。損益計算書を再掲すると以下のとおりである。

```
（借方）      損益計算書      （貸方）
┌──────────┬──────────┐
│          │          │
│   費用   │          │
│          │   収益   │
├----------│          │
│   利益   │          │
└──────────┴──────────┘
```

　このように、損益計算書において、収益は貸方に表示されている。これは、資本が貸借対照表において貸方に表示されている（それゆえ、資本に属する勘定の増加は貸方に記録を行なう）こと、そして、収益は資本のプラス要素であること、という 2 点から理解することができる。

　やや説明が長くなったが、商品を販売したという経営活動の成果は、売上勘定によって表現され、その増加は、売上勘定の記録を貸方に行なうことで表現されるのである。以上の議論のイメージを記せば次頁のとおりである。

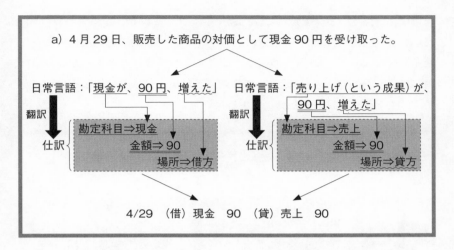

続いて、商品販売時に生じるもう 1 つの事象である、b）「保有する 60 円分の商品を販売のため引き渡した」という事象、およびその仕訳について見てみよう。当該事象は、①「商品が 60 円減少した」という側面と、②「商品 60 円分の消費（という努力）が行なわれた」という側面があると考えられる。そしてこのうち、①「商品が 60 円減少した」という側面については、「商品　60」の貸方記帳によって表現されている（資産の減少は貸方に記録する）。

この仕訳のポイントは、商品販売という成果を獲得するために、②「商品 60 円分の消費（という努力）が行なわれた」という取引の見方と、それを表現する「売上原価　60」の借方記帳である。まず、この取引の見方であるが、商品が 60 円減少したことに伴って、販売による商品の消費、延いては、販売という成果獲得のための努力が 60 円だけ新たに生じたと考える。こうした、販売によって商品が消費されたという事実、あるいは、商品を消費するという販売活動における努力を記録する勘定が「**売上原価**勘定」である。そして、当該売上原価勘定は、費用に属する勘定である。

ここで「**費用**」とは、経営活動における成果を獲得するための努力を表すカテゴリーである。そして、それと同時に、儲けのマイナス要素、延いては、株主への帰属分である資本のマイナス要素を表すカテゴリーである。そして、

費用は、（資本のプラス要素である収益が、損益計算書で貸方に表示されるのとは反対に）損益計算書において借方に表示される。それゆえ、この設例のように、商品販売によって、60円分の商品を消費するという努力が生じた場合には、「売上原価　60」を借方に記録してこれを表現する。以上の議論をまとめたイメージを記せば以下のとおりである。

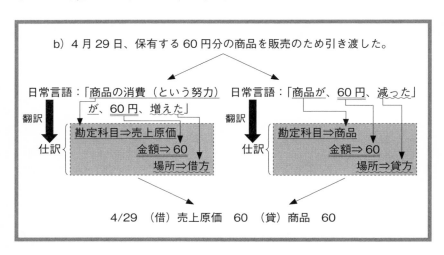

第3節　勘定の基本形式と転記の基本形式

「仕訳→勘定口座への記入→財務諸表の作成」という大きな流れのうち、前節では、仕訳について解説した。本節では、第2ステップである、「勘定口座への記入」という部分を見ていこう。

（1）勘定

第1章および前節でも紹介したとおり、「勘定」とは、資産、負債等の増減を記録するために細分化された単位のことである。前節でも説明したとおり、現金も商品も同じく資産として捉えられるが、両者は別々に、その増減を記録することになる。つまり、現金には現金勘定、商品には商品勘定がそ

れぞれ割り当てられ、現金の増減は現金勘定にて、商品の増減は商品勘定にて、それぞれ記録されることになる。それでは、各勘定の増減を記録する方法を見ていこう。

このＴ字の記録場所を「**勘定口座**」という（ただし、勘定口座に対しても、単に「勘定」と呼ぶことが多い）。そして、上記の例にもあるとおり、Ｔ字の上部に、「現金」など、勘定の名称である勘定科目を記入する。

そして、この勘定口座の貸借（勘定においても、左側は借方、右側は貸方である）に、それぞれ数値を書き込んでいく。たとえば、この現金勘定でいえば、現金が 100 円増加した場合には、この現金勘定の借方に「100」と記入する。反対に、現金が 30 円減少した場合には、先とは逆の貸方に「30」と記入する。増加の場合には借方に、減少の場合には貸方に記録を行なう理由は、仕訳と同様、現金勘定は資産に属し、資産は貸借対照表上で借方に表示されるからである。したがって、仕訳同様、貸借と増減とが直接結びついているわけではなく、その勘定が、資産、負債、資本、収益、費用のどのカテゴリーに属するのかに応じて、貸借と増減との関係が決まる。したがって、借入金勘定のように、負債に属する勘定の場合には、増加を貸方に、減少を借方に記録する。

一定期間記録を続けた場合の、現金勘定を示すと以下のとおりである。

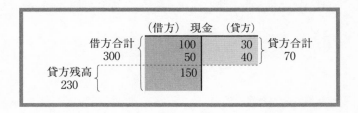

　この現金勘定において、借方にある数値をすべて合計すると、300 となる。これは、記録を行なっている期間で現金が 300 円だけ増加したことを表している。その一方で、貸方にある数値をすべて合計すると 70 であり、これは、同期間で 70 円だけ現金が減少したことを表している。このように、借方あるいは貸方の数値を合計したものを、「**合計**」（特に、借方の合計額を「**借方合計**」、貸方の合計額を「**貸方合計**」）という。

　また、借方合計と貸方合計とを比較して、大きい方の数値（この例では、借方合計）から、小さい方の数値（この例では、貸方合計）を差し引いた値を、「**残高**」という。残高は、記録対象（この例では、現金）が、今、どれくらい存在しているかを表しており、この例では、現在、企業には現金が 230 円存在することが表されている。なお、借方の数値の方が大きい（差し引いた場合に、借方に数値が残る）場合の残高を「**借方残高**」、貸方の数値の方が大きい（差し引いた場合に、貸方に数値が残る）場合の残高を「**貸方残高**」という（この例は、借方残高である）。

　それでは、次に、勘定口座への記入方法について、見てみよう。

（2）転記

　勘定口座への記入は「勘定記入」と呼ばれ、先にも述べたとおり、仕訳の情報を転記することで行なわれる。

　転記にあたっては、まず、ある勘定が仕訳の借方（貸方）に記録された場合、その勘定口座の借方（貸方）へと、仕訳に記録された数字を記入する。併せて、日付と相手勘定とを記入する。以下の例では、「現金　50」が仕訳の借方に記録されている。そのため、現金勘定口座の借方に、数字「50」を記入する。そして、日付（「4/1」）と相手勘定（「借入金」）とを併せて記入する。

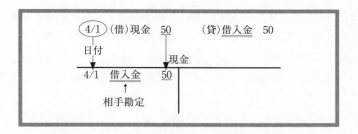

他方、仕訳の貸方「借入金　50」についても同様に、借入金勘定口座の貸方に、数字「50」を、日付（「4/1」）と相手勘定（「現金」）とともに記録する。

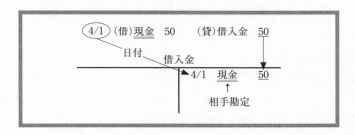

なお、［補遺 2-2］にて、1 つの仕訳の片側に、複数の勘定科目を記録する場合を紹介した。たとえば、以下のような仕訳である。

4/13　（借）商品　120　（貸）　現金　　　　70
　　　　　　　　　　　　　　　当座預金　50

このような仕訳を転記する際にも、数値だけでなく、日付と相手勘定とを記録する。このとき、この仕訳の現金勘定や当座預金勘定であれば、相手勘定は商品勘定のみであるので、これまでの考え方で転記することができる。仮に、この仕訳を、現金勘定および当座預金勘定に、それぞれ転記すると以下のとおりとなる。

（借方）	現金	（貸方）	（借方）	当座預金	（貸方）
	4/13 商　品　70			4/13 商　品　50	

　問題は、ここでの商品勘定のように、相手勘定が複数存在する場合である。このとき、相手勘定が複数あるからといって、その複数ある相手勘定のすべてを記入するわけではない。その代わりに、「**諸口**」という言葉を記入する。したがって、この例における商品勘定への記入は下記のとおりに為される。

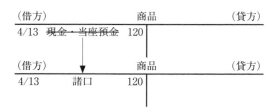

　こうした仕訳と勘定口座への転記とを一定期間に亘って行ない、予め決めた（あるいは、決められた）期間が経過した後に、勘定口座の残高を集め、これを基に貸借対照表と損益計算書とを作成する。次節では、貸借対照表および損益計算書の作成について見てみよう。

補遺 2-3 増減別計算法

　ここまで見てきたとおり、複式簿記においては、現金や商品、借金などの財産等の増減を、勘定（口座）と呼ばれる形式で記録している。こうした、勘定口座を用いた増減記録の利点を確認しよう。

設 例

・4月1日、会社の設立にあたり株式を発行し、現金100円を受け取った。
・4月1日、銀行から現金50円を借り入れた。
・4月13日、販売用の商品を120円で購入し、代金を現金で支払った。
・4月29日、上記の商品のうち、半分を90円で販売し、代金を現金で受け取った。
・4月30日、販売用の商品を40円で購入し、代金を現金で支払った。

　以上がこの1か月間のすべての取引であったとして、現金の増減を計算してみよう。このとき、上記の取引によって生じた現金の増加と減少とを、それらが生じた順に加減するのが、おそらく一般的な計算方法といえる。具体的には、

$$100 + 50 - 120 + 90 - 40 = 80$$

と計算する。こうした計算方式は、直観的で分かりやすい点、そして、各時点の現金残高が常に明らかである点などがメリットとして挙げられる。その一方で、取引の数が膨大になってくると、数字の加減がランダムに幾度も行なわれるため、計算ミスが生じやすいというデメリットがある。

　そこで、一期間の現金の増加のみを合計し、その一方で、一期間の現金の減少のみを合計する。そしてその後、当該増加合計から減少合計を差し引いて一期間の現金の増減を計算することもできる。先の設例に当てはめると、

$$（100 + 50 + 90）－（120 + 40）= 240 - 160 = 80$$

となる。このように計算すると、加減算がランダムに幾度も繰り返されることはない。なにしろ、減算は一回で済んでいる（作業が減ればミスが減る）。

　このような計算方式を採る場合、取引の記録も増減別に行なっておく方が便利といえる。
すなわち、

4/1	株式発行	+ 100 円
4/2	借り入れ	+ 50 円
4/13	商品購入	− 120 円
4/29	商品販売	+ 90 円
4/30	商品購入	− 40 円

と記録するのではなく、

増加		
4/1	株式発行	＋ 100 円
4/2	借り入れ	＋ 50 円
4/29	商品販売	＋ 90 円
減少		
4/13	商品購入	－ 120 円
4/30	商品購入	－ 40 円

のように、増減別に記録するのである。こうすることで、増加の数字と減少の数字とを抜き出すという作業がなくなるので、さらにミスも少なくなるだろう（作業が減ればミスが減る）。ただし、このように増減別の記録をタテに行なうと、上の段（この例では増加）の記録場所を追加で設けていくのが大変である。そこで、増加を記録する場所と減少を記録する場所とを左右に配置する方式が用いられるようになる。

このように、複式簿記における勘定口座を用いた記録方法は、こうした増減別計算、およびこれをスムーズに行なうための増減別記録の考え方に基づいた記録法なのである。

■ 第4節　財務諸表作成の大まかな流れ

前節までで、「仕訳→勘定口座への記入→財務諸表の作成」という大きな流れのうち、仕訳の解説と勘定口座への記入の解説とを行なった。本節では、最後のステップである、「財務諸表の作成」という部分について、イメージを優先しながら見ていこう。

まず、設例を用意する。復習を兼ねて、以下の各取引について仕訳を行ない、その仕訳を転記して、勘定口座への記入を行なおう。

> **設　例**
> ・4 月 1 日、会社の設立にあたり株式を発行し、現金 100 円を受け取った。
> ・4 月 1 日、銀行から現金 50 円を借り入れた。
> ・4 月 13 日、販売用の商品を 120 円で購入し、代金を現金で支払った。
> ・4 月 29 日、上記の商品のうち、半分を 90 円で販売し、代金を現金で
> 　受け取った。

仕訳と各勘定は以下のとおりとなる。

```
4/1   （借）現金       100   （貸）資本金 100
4/1   （借）現金        50   （貸）借入金  50
4/13  （借）商品       120   （貸）現金   120
4/29  （借）現金        90   （貸）売上    90
4/29  （借）売上原価    60   （貸）商品    60
```

（借方）	現金	（貸方）	（借方）	借入金	（貸方）
4/1 資本金 100	4/13 商品 120				4/1 現金 50
4/1 借入金 50					
4/29 売上 90					

（借方）	商品	（貸方）	（借方）	資本金	（貸方）
4/13 現金 120	4/29 売上原価 60				4/1 現金 100

（借方）	売上原価	（貸方）	（借方）	売上	（貸方）
4/29 商品 60					4/29 現金 90

（1）損益計算書の作成

　通常、会計期間は 1 年であるが、ここでは、上記の 1 ヶ月を会計期間とし、貸借対照表と損益計算書とを作成していこう。貸借対照表と損益計算書のうち、まずは、損益計算書を作成する。

　「**損益計算書**」とは、第 1 章でも述べたとおり、企業が一期間で獲得した

儲け（＝利益（ないし損失））を、それをもたらす原因とともに示す表である。こうした儲けとその内訳のことを「**経営成績**」という。損益計算書では、収益と費用とが表示され、本節の設例では、売上勘定が収益に、売上原価勘定が費用に、それぞれ属している。そして、貸方残高となっている売上勘定の残高を貸方に表示し、借方残高となっている売上原価勘定の残高を借方に表示するようにして、各残高を集めると、以下のように損益計算書が作成される。

（借方）	損益計算書	（貸方）
売 上 原 価　60	売	上　90
当 期 純 利 益　30		
合　　　計　90	合	計　90

　こうして作成された損益計算書には、貸方に、経営活動の成果、あるいは、儲けのプラス要素が、収益として表示される一方、当該成果を得るための努力、あるいは、儲けのマイナス要素が、費用として借方に表示される。そして、この貸方の収益の合計額から、借方の費用の合計額を差し引いた金額、すなわち、当期の儲けが、「**当期純利益**」として借方に表示される。なお、当期の費用が収益を上回った場合には、「当期純損失」が貸方に表示される。いずれにしても、収益（に属する勘定の残高）合計と、費用（に属する勘定の残高）合計との差によって生じる貸借の差を埋める形で、当期純利益（あるいは、損失）を借方（あるいは、貸方）に記録するため、損益計算書においては、貸借が必ず一致する。

（2）貸借対照表の作成
　続いて、貸借対照表を作成してみよう。「**貸借対照表**」は、第1章でも述べたとおり、一時点における企業の財産等の状態を示す表である。こうした財産等の状態のことを「**財政状態**」という。貸借対照表では、資産が借方に、負債と資本とが貸方に表示される。本節の設例では、現金勘定と商品勘定とが資産に、借入金勘定が負債に、資本金勘定が資本に、それぞれ属している。

貸借に注意しつつ、それらの残高を一表に集めると以下のようになる。

（借方）		貸借対照表	（貸方）	
現	金	120	借　入　金	50
商	品	60	資　本　金	100
合	計	180	合　　　計	150

————不一致————

　ここで、上記の表においては、貸借の合計金額が一致していないことが分かる。実は、今期の儲けが、ここでの貸借の差額に相当する。仕訳の解説（本章第 2 節 (2) ③）でも指摘したとおり、儲けは最終的に企業の所有者である株主に帰属し、当該株主への帰属分を資本に属する勘定が表現している。それゆえ、今期の儲けに相当する金額だけ、資本に属する何らかの勘定の金額が増加しているはずである。したがって、当期の儲けに相当する金額だけ資本（に属する勘定）の金額を増加させないと、その分だけ貸方の合計金額が不足することになってしまう。

　そこで、当期までに生じた儲けの蓄積を表す「**繰越利益剰余金**勘定」と呼ばれる勘定を設定し、ここに損益計算書にて計算された当期純利益の金額（30）を加えて、改めて貸借対照表を作成すると以下のようになる。

（借方）		貸借対照表	（貸方）	
現	金	120	借　入　金	50
商	品	60	資　本　金	100
			繰越利益剰余金	30
合	計	180	合　　　計	180

————一致————

(3)　財務諸表間の関係

　ここで改めて、貸借対照表と損益計算書との関係を整理してみよう。

①まず、取引のうち、株式発行や借り入れといった取引は、現金勘定が増加する一方で、借入金勘定や資本金勘定も同額だけ増加する。それゆえ、貸借対照表の貸借が同額だけ増加するので、こうした取引を経ても、貸借対照表において貸借の不一致は生じない（下記の図参照）。

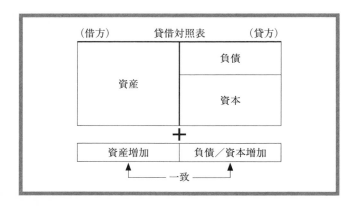

②また、商品を購入して現金を支払った場合は、商品勘定の増加と同額の現金勘定の減少が生じる。この場合、借方の合計金額に変化は生じず、それゆえ、こうした取引を経ても、貸借対照表において貸借の不一致は生じない（下記の図参照）。

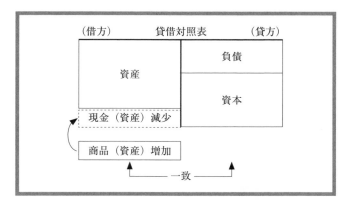

③他方で、商品を販売した場合には、販売代金の受け取りに伴って現金勘

定が増加する。しかし、それと同額の、①負債や資本に属する勘定の増加や、②資産に属する他の勘定の減少は生じない。それゆえ、この場合には当該現金勘定の増加分だけ、貸借対照表の借方の合計金額のみが大きくなる。その一方で、当該現金勘定の増加分だけ、売上勘定が増加する。つまり、貸借対照表の借方の合計金額が大きくなった分、損益計算書の貸方の合計金額が大きくなる（下記の図参照）。

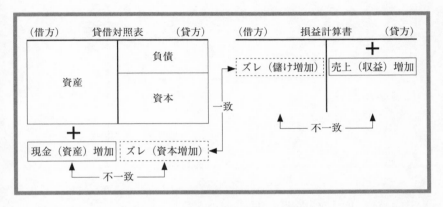

　商品の消費（引き渡し）に伴う商品勘定の減少も同様である。この場合も、当該減少額と同額の、①負債や資本に属する勘定の減少や、②資産に属する他の勘定の増加は生じない。この場合には、当該商品勘定の減少分だけ、貸借対照表の借方の合計金額のみが小さくなる（相対的に、貸方の合計金額のみが大きくなる）。その一方で、当該商品の減少分だけ、売上原価勘定が増加する。つまり、貸借対照表の貸方の合計金額が（相対的に）大きくなった分、損益計算書の借方の合計金額が大きくなるのである。

　このように取引には、①貸借対照表の貸借の合計金額が、それぞれ同じ金額だけ増減する取引、②貸借対照表の借方（あるいは貸方）内部での金額の移動に過ぎず、合計金額そのものに影響しない取引、そして、③貸借対照表の一方のみ増減する取引の3種類が存在する。このうち、取引を経て貸借対照表の貸借に不一致が生じるのは③のみであり、③のような取引を経て貸借対照表の貸借に不一致が生じた場合には、同額だけ損益計算書の金額が（貸

借を逆にして）増減する。

　それゆえ、一期間で生じた貸借対照表の貸借のズレと、損益計算書の貸借のズレとは、必ず一致することになるのである。最終的には、当該共通するズレの金額が、それぞれの不足側に足し合わされることで、貸借対照表も損益計算書も貸借が一致する。そして、このズレがその期間の儲け（＝利益）になっているのである（下記の図参照）。

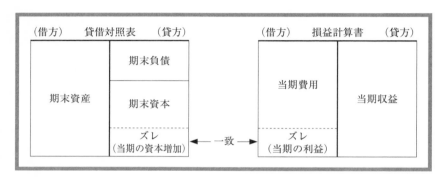

第5節　取引要素間の関係

　前節では、貸借対照表と損益計算書との基本的な関係を概観した。これと関連して、財務諸表を構成する資産・負債・資本・収益・費用の各グループに属する勘定が増減した場合に、それに見合ってどのグループの勘定が増減するかを示した関係図が以下のものである。

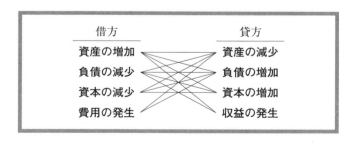

　以下、これまでの取引を用いて具体的に見ていこう。

　たとえば、「会社の設立にあたり株式を発行し、現金100円を受け取った」という取引が生じた場合には、現金勘定の増加と資本金勘定の増加とが記録される。つまり、この取引の記録は、「資産の増加」と「資本の増加」との組み合わせということになる。

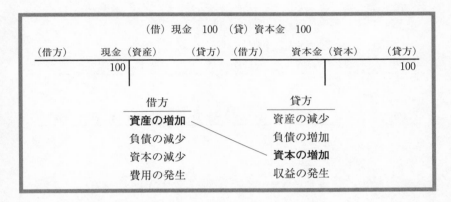

　また、「販売用の商品を120円で購入し、代金を現金で支払った」という取引が生じた場合には、現金勘定の減少と商品勘定の増加とが記録される。つまり、この取引の記録は、「資産の増加」と「資産の減少」との組み合わせということになる。

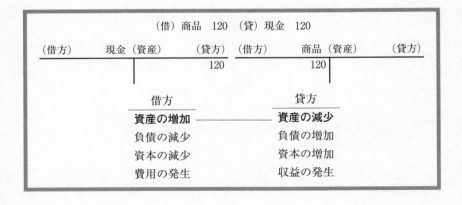

　さらに、「保有する 60 円分の商品を、90 円で販売し、代金を現金で受け取った」という取引が生じた場合には、現金勘定の増加と売上勘定の増加とが記録され、また、商品勘定の減少と売上原価勘定の増加とが記録される。つまり、この取引の記録は、「資産の増加」と「収益の発生」との組み合わせ、そして「資産の減少」と「費用の発生」との組み合わせということになる。

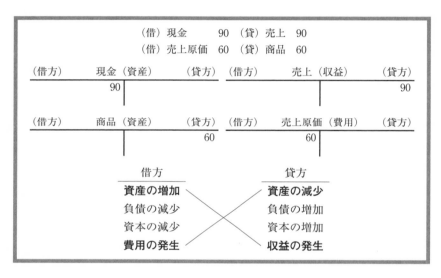

　ここまでの議論で明らかなとおり、複式簿記においては、1 つの取引が生じた際には、必ず、ある勘定口座の借方と別の勘定口座の貸方とに、それぞれ記録を行なう。これを、取引の把握という文脈でいい直せば、「取引を 2 つの面から把握し、それぞれの面からの記録を、ある勘定口座の借方と別の勘定口座の貸方とに、それぞれ行なっている」ということができる。こうした取引の二面的な把握こそが、複式簿記最大の特徴であるともいわれる。

補遺 2-4　なぜ、負債や資本の増加を貸方に記録するのか

　ここまでの説明で繰り返し述べてきたとおり、借入金勘定などの負債に属する勘定や、資本金勘定などの資本に属する勘定は、その増加を貸方に、そ

の減少を借方に記録する。その理由については、「貸借対照表において、負債や資本が貸方に表示されているから」と述べたものの、これは鶏と卵の関係と同じで、負債や資本に属する勘定の増加が貸方に記録されるからこそ、負債や資本が貸借対照表の貸方に表示されているともいえる。

それでは、「なぜ、負債や資本に属する勘定の増加が、貸方に記録されるのか」、もう少しいえば、「なぜ、負債や資本に属する勘定の増加が、資産に属する勘定の増加が記録される場所とは逆の場所に記録されるのか」について考えてみよう。ここでは、具体的に、負債に属する勘定として借入金勘定、資本に属する勘定として資本金勘定の捉え方について考えてみる。

借入金勘定や資本金勘定の増加が貸方に記録されることに対して、これまで、おおよそ以下の 2 つの考え方が述べられてきた。

a. 借方に増加を記録する勘定は、貸方に増加を記録する勘定（財産）に対するマイナスを表しているという考え方
b. 借方に増加を記録する勘定と、貸方に増加を記録する勘定とは、対立する別の側面をそれぞれ表現しているという考え方

a. は、特に借り入れについて考えると分かりやすいだろう。すなわち、今ある財産のうち、借り入れによって賄った部分は自らの財産とはいい難い。たとえば、1,000 円持っていても、そのうち 900 円は借り入れたものならば、自らの財産は 100 円と考える方が妥当といえる。それゆえ、自らの財産が今、いくらあるかを考える場合には、今ある財産から借り入れによって賄った部分を差し引く（マイナスする）ことが考えられる。この場合、資産は正の財産、借り入れ部分は負の財産と解釈することができる。そして、そうであるならば、正の財産を表す資産（に属する勘定）の増加が借方に記録されることに対応して、負の財産を表す借入金勘定は、その増加を（資産のマイナスとして）貸方に記録すると考えるのである。

ただし、この場合、資本金勘定について、同様の考え方ができるかどうかについては、論者によって意見の異なるところである。仮に、この考え方を

資本金勘定に当てはめられない場合、資本金勘定の増加を貸方に記録することをどのように解釈するかについては、次の［補遺2-5］で述べる。

　b. の具体例は、借り入れと株式発行とを、ともに資金の調達と考える解釈がこれに当てはまる。ここで、資産は資金の具体的な使い道（企業活動を前提に、やや固くいえば、運用先）を表現していると考えることができる（「商品を100円分保有している」という状態は、「100円の現金を商品に使った」という状態ともいえる）。そして、借り入れや株式発行は、その資金の調達方法と考えられるだろう。これは、資金という対象を運用の側面と調達の側面という相対立する2つの側面によって把握する考えであり、片方の側面の増加を借方に記録するとしたら、もう一方の側面の増加は貸方に記録すると考えるのである。その結果、借り入れや株式発行を表す借入金勘定や資本金勘定の増加は、貸方に記録されると考えるのである。

補遺 2-5　なぜ、貸借対照表の貸借は一致するのか

　これまで見てきたとおり、貸借対照表の貸借は、その合計金額が一致する。そして、貸借対照表の借方には資産の一時点の残高が表示され、貸方には負債および資本の一時点の残高が表示されている。それゆえ、貸借対照表は、ある時点において各資産の残高合計と、各負債および各資本の残高合計とが一致することを表している。ここで、なぜ、一時点における資産の残高合計と、負債および資本の残高合計とが、一致するといえるのかについて、いくつかの考え方が存在する。

i）今ある財産のうち、借り入れによって賄った部分を除いた部分は、自らの財産といえるという考え方（資本等式に基づく考え方）

ii）同じ資金という対象を運用面と調達面との2面から把握しているという考え方（貸借対照表等式に基づく考え方）

ⅰ）資本等式（「資産−負債＝資本」）に基づく考え方

　［補遺 2-4］でも述べたとおり、たとえば、1,000 円持っていても、そのうち 900 円は借り入れたものならば、自らの財産は 100 円と考える方が妥当といえる。ⅰ）は、こうした考え方に則っている。この例は、「今ある財産のうち、借り入れによって賄った部分は自らの財産とはいい難い」という考え方の例であるが、逆にいえば、「今ある財産のうち、借り入れによって賄った部分以外は、自らの財産といえる」ということなる。

　この主張を、資産、負債、資本という概念に置き換えて表現するとどうなるだろうか。まず、「今ある財産」は資産という概念に、「借り入れによって賄った部分」は負債という概念に置き換えられる。したがって、先の主張はひとまず、「資産−負債＝自らの財産」といい換えることができる。ここで「自らの財産」の「自ら」とは誰であろうか。もちろん、会社と考えることもできる。しかし、会社は株主に所有されているのであった。それゆえ、会社の財産は間接的に株主に帰属しているといえる。それゆえ、「自らの財産」は、間接的ながら株主に帰属する部分といえる。そして、資本という概念を紹介した際に、資本は株主への帰属分を表しているともいえると述べた。したがって、「自らの財産」は資本という概念に置き換えられると考えられるため、「今ある財産のうち、借り入れによって賄った部分以外は、自らの財産といえる」という主張は、「資産−負債＝資本」と表現できる（なお、この等式のことを「**資本等式**」という）。

　ここで、［補遺 2-3］にて紹介したとおり、勘定式計算法の特徴は、増減別に数値を記録していくことにあるといえる。すなわち、右左（貸借）に配置された記録欄のうち、一方に増加の記録のみを、他方に減少の記録のみを行なうことによって、増加と減少とが混在することを避けていた。したがって、一方の欄に増加の記録と減少の記録とが併存することは認められない。それゆえ、「資産−負債＝資本」を勘定形式で記録する場合にも、左辺の「−負債」を右辺に移項し、「資産＝負債＋資本」の形で記録することで、借方に増加の記録と減少の記録とが併存することを避けている。

　とはいえ、元々は「資産−負債＝資本」であるため、これを変形して「資

産＝負債＋資本」の形式にしても、左（辺）と右（辺）とを結ぶ等号に変化
はない。そして「資産＝負債＋資本」とは、「一時点における資産の残高合
計と、負債および資本の残高合計とが一致する」ということであるから、「今
ある財産のうち、借り入れによって賄った部分以外は、自らの財産といえる」
という見解を以て、「一時点における資産の残高合計と、負債および資本の
残高合計とが一致する」ことが説明されるわけである（こうした考え方に基
づく貸借対照表が、6頁に掲げた貸借対照表である）。

　なお、直前の［補遺2-4］にて、借入金勘定等の負債に属する勘定や資本
金勘定等の資本に属する勘定の増加を貸方に記入することの理由として、2
つの考え方を紹介した。それら2つの考え方のうち、a.「貸方に増加を記録
する勘定は、借方に増加を記録する勘定（財産）に対するマイナスを表して
いる」という考え方が、ここで論じた「資産－負債＝資本」という等式を前
提にした見解と親和性を持つといえる。

　ただし、［補遺2-4］にてa.の見解を解説した際にも触れたとおり、資本
に属する勘定の増加が貸方に記録されることの説明が今一つ曖昧である。こ
こで、これを説明する1つの考え方として、財産に対する具体的な側面と抽
象的な側面という2面に着目する見解がある。そこでは、資産および負債を、
正の財産および負の財産と捉え、「資産－負債＝資本」の左辺を「資産（正
の財産）－負債（負の財産）＝純財産」と変形して「純財産＝資本」という
等式として捉え直す。そして、左辺が各財産の具体的な形態を表しており、
右辺が財産の抽象的な側面を表していると捉えるのである。ここで、負債や
資本に属する勘定の増加を貸方に記入することのもう1つの考え方として、
b.「借方に増加を記録する勘定と、貸方に増加を記録する勘定とは、対立す
る別の側面をそれぞれ表現している」という観点も紹介した。ここではこの
観点に立って、財産の具体的な側面を表現する記録が借方に為され、それと
対立する側面である財産の抽象的な側面（資本）を表現する記録が貸方に為
されると考える。それゆえ、資本の増加が貸方に記録されると考えるのであ
る。

　したがって、ここで議論した資本等式（「資産－負債＝資本」）に基づいて

貸借一致を説明する見解においては、負債に属する勘定の増加が貸方に記録されることについては a. の観点から、資本に属する勘定の増加が貸方に記録されることについては b. の観点から、それぞれ説明されると考えられる。

ⅱ）貸借対照表等式（「資産＝負債＋資本」）に基づく考え方

ⅰ）では、「今ある財産のうち、借り入れによって賄った部分以外は、自らの財産といえる」という主張を、「資産－負債＝資本」（資本等式）という数式によって表現し直して、当該等式に基づいて「一時点における資産の残高合計と、負債および資本の残高合計とが一致すること」（貸借一致）に対する説明を行なった。

貸借一致に対する今一つの説明は、「同じ資金という対象を運用面と調達面との 2 面から把握している」というものである。これは、負債や資本に属する勘定の増加が貸方に記録されることに対する 2 つの考え方のうち、b.「借方に増加を記録する勘定と、貸方に増加を記録する勘定とは、対立する別の側面をそれぞれ表現している」という考え方と密接に結びついている。

すなわち、［補遺 2-4］でも述べたとおり、そこでは、資産に属する各勘定について、それらが資金の具体的な運用先を表現していると解釈する一方で、借り入れや株式発行によって増加する負債や資本に属する各勘定について、それらが当該資金の調達方法を表していると解釈する。その上で、同じ資金という対象を、運用の側面と調達の側面という異なる 2 つの側面から、それぞれ借方と貸方にて把握すると考えるのであった。

ここで、資産に属する各勘定が運用形態を表現しているところの資金と、負債や資本に属する各勘定が調達方法を表現しているところの資金とは、同じ資金のはずである。それゆえ、同じ資金について、これを運用面から表現しようとも調達面から表現しようとも、金額は同じになるはずであると考えて、「一時点における資産の残高合計と、負債および資本の残高合計とが一致する」（貸借一致）と考えるのである（こうした考え方に基づく貸借対照表が、5 頁に掲げた貸借対照表である）。なお、「同じ資金について、これを運用面から表現しようとも調達面から表現しようとも、金額は同じになるはず」とい

う主張を数式によって表現すれば「資産＝負債＋資本」となり、この等式を「**貸借対照表等式**」と呼ぶ。

　なお、これまでに登場した、資本等式（「資産－負債＝資本」）や貸借対照表等式（「資産＋負債＝資本」）といった等式関係のことを、一般に「**会計等式**」という。

第3章　仕訳帳と総勘定元帳への記入

　第2章では、複式簿記においては、企業の取引を仕訳という特殊な方式によって記録し、それを勘定口座へと転記することを学んだ。そうした仕訳や勘定記入は、本来、仕訳帳や総勘定元帳といった帳簿に記入される。本章では、仕訳帳や総勘定元帳に記入する方法を解説する。

第1節　仕訳帳への記入

　仕訳は、仕訳帳への記入によって行なわれる。ここで、以下の［設例］を仕訳帳に記録すると仮定して、仕訳帳への記入方法を説明する。

> **設　例**
> ・4月1日、会社の設立にあたり株式を発行し、現金100円を受け取った。
> ・10月10日、120円分の商品を購入し、代金のうち70円分を現金で、50円分を当座預金口座から支払った。

前章までの議論を基にすると、以下のような仕訳が行なわれる。

```
4/1    （借）現金  100   （貸）資本金  100
10/10  （借）商品  120   （貸）現金     70
                          当座預金 50
```

こうした仕訳を、仕訳帳に記入すると以下のとおりとなる。

仕　訳　帳

(1)

X1年		摘　　　　　要	元丁	借　　方	貸　　方
4	1	（　現　　金　）		100	
		（　資　本　金　）			100
		会社設立に伴う株式の発行			
10	10	（　商　　品　）　　　　　諸　口		120	
		（　現　　金　）			70
		（　当座預金　）			50
		A商店から商品の購入			
		次頁へ繰越		220	220

　仕訳帳の記入にあたっては、以下の①～⑦に注意する。

① 日付欄には、取引発生の月日を記入する。ただし、取引月が同じである場合、月の記入は各ページの最初にのみ行なう。なお、取引日が同じである場合、日を記入する欄に「〃」を記入する。

② 摘要欄には、仕訳の勘定科目と取引の概要とを記入する。

（ i ）仕訳の勘定科目について

　（a）借方科目は左に寄せて記入し、貸方科目を右に寄せて記入する。

　（b）勘定科目は括弧で包む。

　（c）借方科目を先に書き、次いで貸方科目を一行下げて記入する。

　（d）複数の勘定科目を同じ側に書く場合、それら複数の勘定の上の行に「諸口」と記入する。なお、「諸口」は括弧で包まない。

（ ii ）小書きについて

　取引の概要に関する記載は、「小書き」あるいは「摘要書」と呼ばれる。この例では、「会社設立に伴う株式の発行」、「A商店から商品の購入」といった記載が、小書きである。小書きは必須ではないものの、これを行なっておくことで、仕訳帳を（ある程度は）営業日誌としても用いることがで

きる。

③ 金額は、各勘定科目を記入した行と同一の行に記入する。

④ 1 つの取引に関する記入が終わったら、そのことを示す赤線を摘要欄に引く（上記の例では、実線が赤線を表している）。なお、当該仕訳が、各ページの最後に記入される場合には、赤線を引くことはない。

⑤ ページを変える場合には、以下のとおり記入する。

(a) 摘要欄に、「次頁へ繰越」、「次頁へ」などの適当な文言を右に寄せて記入する。

(b) (a) の文言を記入したのと同じ行に、そのページの、借方合計、および、貸方合計を記入する。なお、当該合計金額の上に赤線を引く。

⑥ 仕訳はページを跨いで行なわない。1 つの仕訳が仕訳帳の同じページ内に収まらないと判断した場合は、次のページに当該仕訳を行なう。なお、これによってページの最後に余白が生じた場合には、記入しない行の摘要欄に斜線を引く。

⑦ 元丁欄には、仕訳を総勘定元帳内の各勘定口座に転記した際に、各勘定科目が転記された先の総勘定元帳のページ番号を記入する（次節参照）。通常、仕訳帳記入の段階では空欄にしておき、転記を行なった際に記入する。これによって、転記済みの印としても用いられる。

▌第 2 節　総勘定元帳への記入

「総勘定元帳」とは、その中に勘定口座が設けられている帳簿のことであり、単に「元帳」とも呼ばれる。第 2 章でも述べたとおり、仕訳帳に記入された仕訳を、元帳内の各勘定口座に転記する。ここでは、前節で用いた 2 つの取引に対する仕訳を転記することを想定して、総勘定元帳の記入方法について説明する。

総　勘　定　元　帳
現　　　金

(1)

X1年		摘　　要	仕丁	借　方	X1年		摘　　要	仕丁	貸　方
4	1	資　本　金	1	100	10	10	商　　品	1	70

商　　品

(3)

10	10	諸　　口	1	120					

資　本　金

(9)

					4	1	現　　金	1	100

　総勘定元帳への記入にあたっては、以下の①〜④に注意する。

① 仕訳帳において、ある勘定の借方に金額が記入されている場合、その金額を総勘定元帳内に存在する当該勘定口座の借方へと記入する。他方、仕訳帳において、ある勘定の貸方に金額が記入されている場合には、その金額を総勘定元帳内に存在する当該勘定口座の貸方へと記入する。

② 日付欄には、仕訳帳に記入されている月日を記入する。

③ 摘要欄には、仕訳の相手科目を記入する。なお、相手科目を括弧で包むことはしない。また、相手勘定が複数存在する場合には、「諸口」と記入する。

④ 仕丁欄に、転記した仕訳を記入している仕訳帳のページを記入する。

　なお、上記の総勘定元帳は「分割式」と呼ばれるもので、総勘定元帳としては本来的な方法といえる（それゆえ、「標準式」とも呼ばれる）。その一方で、以下に示す「残高式」という方法も広く用いられてきた。

総 勘 定 元 帳
現　金

(1)

X1 年		摘　　要	仕丁	借　　方	貸　　方	借または貸	残　　高
4	1	資　本　金	1	100		借	100
10	10	商　　　品	1		70	借	30

資　本　金

(9)

X1 年		摘　　要	仕丁	借　　方	貸　　方	借または貸	残　　高
4	1	現　　　金	1		100	貸	100

　残高式では、摘要欄が一列にまとめられる一方で、各仕訳が転記された時点での勘定残高が残高欄にて示される（借方残高か貸方残高かの別は、「借または貸」欄にて示される）点が特徴である。

第4章 勘定の締切と財務諸表の作成

　第2章では、複式簿記においては、企業の取引によって生じた財産の変動や経営の成果などを、仕訳を経て勘定口座と呼ばれる記録場所に記録していくこと、そして、そうした記録をまとめることで、企業の財政状態を表す貸借対照表と、経営成績を表す損益計算書とが作成されることを論じた。

　上記のプロセスのうち、勘定口座の記録をまとめて貸借対照表と損益計算書とを作成することについては第2章第4節にて議論したが、そこでの説明は、イメージを優先したものであった。そこで本章では、そうした勘定口座の記録をまとめるという作業の正式な方法を説明することとする。なお、本章で解説する事項も含めて、複式簿記のプロセスを図にまとめると、以下のとおりである。

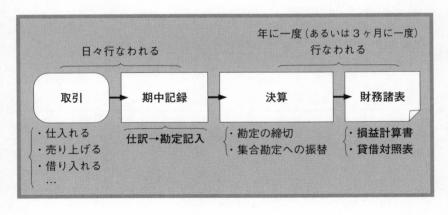

▌第1節　勘定の締切

　「**帳簿の締切**」とは、一期間の記録が（決算整理[1]を含めて）すべて終了した後に、すべての勘定残高をゼロにして、当期と次期との区切りをつける手続きである。当該手続きは、以下の手順を以て行なう。

① 「損益勘定」という勘定を用意する。

② 勘定のうち、収益や費用に属する勘定について、その残高を損益勘定に振り替える（残高をゼロにするように仕訳する）。

③ 損益勘定の残高を繰越利益剰余金勘定へと振り替える。

④ 「残高勘定」という勘定を用意する。

⑤ 勘定のうち、資産、負債、資本に属する勘定について、その残高を残高勘定に振り替える。

⑥ 各勘定を締め切る。

　以下、具体例を交えて解説するが、その前提条件として、期末における各勘定口座が以下のとおりであったとする。

（借方）	現金	（貸方）
4/1 資 本 金 100	4/13 商　　品 120	
4/1 借 入 金 50		
4/29 売　　上 90		

（借方）	借入金	（貸方）
	4/1 現　　金 50	

（借方）	商品	（貸方）
4/13 現　　金 120	4/29 売上原価 60	

（借方）	資本金	（貸方）
	4/1 現　　金 100	

（借方）	売上原価	（貸方）
4/29 商　　品 60		

（借方）	売上	（貸方）
	4/29 現　　金 90	

1　決算整理については、第7章で扱う。

① ② 損益勘定への振替

先にも述べたとおり、帳簿の締切に際しては、まず、勘定残高をゼロにして、帳簿上に当期と次期との区切りをつける。そして、勘定残高をゼロにする手続きについても、まずは、収益や費用に属する勘定残高からゼロにする（上記の例では、売上勘定と売上原価勘定を、まず締め切る）。勘定の残高をゼロにするためには、その勘定に借方残高が生じている場合には貸方に、貸方残高が生じている場合には借方に、その残高と同額の記帳を行なえばよい。

たとえば、前頁の例でいえば、売上勘定は貸方残高が90である。それゆえ当該勘定の残高をゼロにするためには、売上勘定の借方に90の記帳を行なう必要がある（左図参照）。

また、売上原価勘定は借方残高が60であるため、当該勘定の貸方に60の記帳を行なうことで、売上原価勘定の残高がゼロとなる。

その一方で、複式簿記の性質上、売上勘定の借方に90の記帳を行なう場合には、別の勘定の貸方に90の記帳を行なう必要がある。また、同様に、売上原価勘定の貸方に60の記帳を行なう場合には、別の勘定の借方に60の記帳を行なう必要がある。つまり、

　　　　　　（借）売上　　　90　（貸）？？？　　　90
　　　　　　（借）？？？　　60　（貸）売上原価　60

という仕訳の「？？？」に相当する何らかの勘定が必要になる。

そこで、「**損益勘定**」という勘定を用意し、収益や費用に属する勘定を締め切る際の相手勘定としてこれを用いるのである。先の仕訳に当てはめれば、

　　　　　　（借）売上　90　（貸）損益　　　　90
　　　　　　（借）損益　60　（貸）売上原価　60

となる。当該仕訳を転記した後の売上勘定、売上原価勘定、損益勘定を示せば以下のとおりとなる。

(借方)	売上	(貸方)
4/30 損　　益　90	4/30 現　　金　90	

(借方)	売上原価	(貸方)
4/29 商　　品　60	4/30 損　　益　60	

(借方)	損益	(貸方)
4/30 売上原価　60	4/30 売　　上　90	

　このような手続きは、売上勘定や売上原価勘定の残高を、損益勘定という別の勘定に移し替える手続きといえる。それゆえ、こうした手続きを「振替」と呼ぶ。また、こうした振替によって、収益や費用に属する勘定の残高が損益勘定に集められる。それゆえ、ここでの損益勘定のように、各勘定の残高を集める勘定のことを、「決算集合勘定」（あるいは、単に「集合勘定」）と呼ぶ。

③　損益勘定残高の繰越利益剰余金勘定への振替

　帳簿の締切にあたっては、すべての勘定残高をゼロにするので、ここで新たに設定した損益勘定の残高もゼロにする。この例では、損益勘定は貸方残高が30あるが、これをゼロにするためには、30の借方記帳が必要になる。そして、損益勘定の残高をゼロにする際の相手勘定として、「繰越利益剰余金勘定」という勘定を設定する。

　「繰越利益剰余金勘定」とは、これまでその企業が獲得してきた当期純利益の蓄積を表す勘定である（より正確には、これまでその企業が獲得してきた当期純利益の蓄積であり、配当されていない部分である）。なお、第2章でも解説したとおり、儲け（利益）は最終的に企業の所有者である株主に帰属すると考えられる。それゆえ、これまでの当期純利益（儲け）の蓄積を表す繰越利益剰余金勘定は、株主への帰属分を表す勘定の1つであるといえる。それゆえ、繰越利益剰余金勘定は、資産、負債、資本、収益、費用のうち、資本の属する勘定とされる。

　設立初年度の場合には、（前期以前の当期純利益が存在しないため）繰越利益剰余金勘定を新たに設定する。そして、当該繰越利益剰余金勘定を相手勘定にして、損益勘定の残高をゼロにする仕訳を行なう。先からの例に基づいて、当該仕訳と、仕訳後の損益勘定、および繰越利益剰余金勘定を示すと以下のとおりである。

（借）損益　30　（貸）繰越利益剰余金　30

（借方）	損益	（貸方）	
4/30　売上原価　60		4/30　売　　上　90	

（借方）	繰越利益剰余金	（貸方）	
		4/30　損　　益　30	

　こうして、損益勘定の残高がゼロになる。また、この振替を行なうことで、前期までの当期純利益の蓄積を表していた繰越利益剰余金勘定の残高に、当期の当期純利益に相当する金額が加算される。その結果、当該振替後の繰越利益剰余金勘定の残高は、当期までの当期純利益の蓄積を表すこととなる。

④ ⑤ 残高勘定への振替

　最後に、残りのすべての勘定、すなわち、資産、負債、資本に属する勘定について、これらの残高をゼロにする。ここまで用いてきた例では、売上勘定と売上原価勘定以外のすべての勘定、すなわち、資産に属する、現金勘定・当座預金勘定・商品勘定・土地勘定、負債に属する借入金勘定、資本に属する資本金勘定・繰越利益剰余金勘定である。資産・負債・資本に属する勘定をゼロにする際にも、先の収益や費用に属する勘定の締切と同様に、当該勘定の残高を集めるための決算集合勘定を設定する。この、資産、負債、資本に属する勘定の残高を集めるための決算集合勘定を、「**残高勘定**」という。

　残高勘定を設定したら、残高勘定を相手勘定にして、資産・負債・資本に属する各勘定の残高をゼロにするための仕訳を行なう。ここまで用いてきた

例に沿って仕訳を行なえば、以下のとおりとなる（損益勘定をゼロにする際に新たに設定した繰越利益剰余金勘定を忘れないように注意する）。

（借）残高	120	（貸）現金	120
（借）残高	60	（貸）商品	60
（借）借入金	50	（貸）残高	50
（借）資本金	100	（貸）残高	100
（借）繰越利益剰余金	30	（貸）残高	30

当該仕訳を転記した後の各勘定を示せば以下のとおりとなる。

（借方）	残高	（貸方）
4/30 現　　金　120	4/30 借　　入　　金　50
4/30 商　　品　 60	4/30 資　　本　　金　100
	4/30 繰越利益剰余金　30

（借方）	現金	（貸方）
4/1 資　本　金　100	4/13 商　　品　120
4/1 借　入　金　 50	4/30 残　　高　120
4/29 売　　上　 90	

（借方）	借入金	（貸方）
4/30 残　　高　50	4/1 現　　金　50

（借方）	商品	（貸方）
4/13 現　　金　120	4/29 売上原価　60
	4/30 残　　高　60

（借方）	資本金	（貸方）
4/30 残　　高　100	4/1 現　　金　100

（借方）	繰越利益剰余金	（貸方）
4/30 残　　高　30	4/30 損　　益　30

⑥　各勘定の締切

すべての勘定残高をゼロにしたら、帳簿上に当期と次期との区切りをつける。具体的には、以下のとおりに行なう。

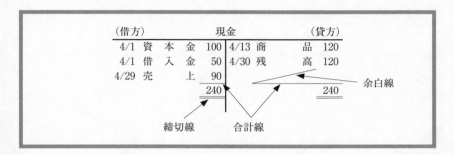

① 貸借のうち、記載行数の多い側（上記の例では借方）の最終記載金額の下に、赤線（「合計線」という）を引く。
② 合計線の下に合計金額（上記の例では、240）を記入する。また、反対側の同じ行にも合計金額を記入する（この際、当該合計金額の上にも合計線を引く）。
③ 貸借それぞれの合計金額の下に、赤の二重線（「締切線」という）を引く。
④ 合計金額を貸借で同じ行に記入した結果、どちらかの行に余白が生じる場合には、書き込みを防止するために、摘要欄の右上から左下にかけて赤の斜線（「余白線」という）を引く。

第2節　財務諸表の作成

帳簿の締切が終わったら、損益勘定と残高勘定とを用いて財務諸表を作成する。

(1) 損益勘定に基づく損益計算書の作成

(借方)	損 益			(貸方)	
4/30 売 上 原 価	60	4/30 売 上			90
4/30 繰越利益剰余金	30				
	90				90

会計期間 →	損 益 計 算 書				
	X1年4月1日～X2年3月31日 （単位：円）				
費 用	金 額	収 益		金 額	
売 上 原 価	60	売 上 高		90	
当 期 純 利 益	30				
	90			90	

　以上のように、締切が行なわれた損益勘定を基に、損益計算書を作成する。注意点は以下のとおりである。

　① 当該損益計算書が経営成績を示す期間（会計期間）を記載する。

　② 損益勘定に記録されている金額のうち、「売上」として記録されている部分（売上勘定から損益勘定へと振り替えられた部分）を、損益計算書においては「売上高」として表示する。

　　※仕訳や元帳において用いる名称（勘定科目）と、財務諸表において用いる名称（表示科目）とが異なることがある（第6章第1節参照）。

　③ 損益勘定に記録されている金額のうち、「繰越利益剰余金」として記録されている部分（損益勘定から繰越利益剰余金勘定へと振り替えられた部分）は、今年の儲けを表しているため、「当期純利益」という名称で表示する。

(2) 残高勘定に基づく貸借対照表の作成

(借方)		残高		(貸方)	
4/30　現　　　　金	120	4/30　借　　入　　金			50
4/30　商　　　　品	60	4/30　資　　本　　金			100
		4/30　繰越利益剰余金			30
	180				180

	貸　借　対　照　表			
決算日 →	X2 年 3 月 31 日			(単位：円)

資　　　　　産	金　　　　額	負 債 及 び 資 本	金　　　額
現　　　　　金	120	借　　　入　　　金	50
商　　　　　品	60	資　　　本　　　金	100
		繰 越 利 益 剰 余 金	30
	180		180

　以上のように、締切が行なわれた残高勘定を基に、貸借対照表を作成する。
注意点は以下のとおりである。

　① 当該貸借対照表が財政状態を示す時点（決算日）を記載する。

　② 貸倒引当金や減価償却累計額のような資産の控除項目がある場合には、
　　そうした科目の性質どおり、資産から控除する形式で表示する（下記の
　　表参照。なお、詳しくは第 7 章で再び取り上げる）。

	貸　借　対　照　表		
	X2 年 3 月 31 日		(単位：円)

資　　　　　産	金	額	負 債 及 び 資 本	金	額
現　　　　　金		2,000	借　　　入　　　金		3,000
売　　掛　　金	4,000		資　　　本　　　金		7,500
貸 倒 引 当 金	△ 800	3,200	繰 越 利 益 剰 余 金		1,100
建　　　　　物	10,000				
減価償却累計額	△ 3,600	6,400			
		11,600			11,600

補遺 4-1 開始仕訳

　資産、負債、資本、収益、費用の各勘定のうち、資産、負債、資本に属する勘定（＝その期末残高が残高勘定へと振り替えられる勘定）の残高は、次の期へと引き継がれる。ところが、期末に勘定を締め切っているため、すべての勘定残高はゼロになっているはずである。

　それゆえ、前期末に残高勘定へと振り替えられた（資産、負債、資本に属する勘定の）各残高を、次の期の初めに、再度、元の勘定へと振り替える手続きが必要になる。すなわち、この章で用いた例でいえば、次の期の初めに、

（借）現金	120	（貸）残高	120
（借）商品	60	（貸）残高	60
（借）残高	50	（貸）借入金	50
（借）残高	100	（貸）資本金	100
（借）残高	30	（貸）繰越利益剰余金	30

という仕訳を行なう。こうした仕訳を「開始仕訳」という。開始仕訳を行なうことで、前期末に残高勘定に集められた（資産、負債、資本に属する勘定の）各残高が、各勘定へと戻され、それらの勘定の前期末残高が当期へと引き継がれるのである。

　なお、開始仕訳を転記した後の勘定口座について、例として現金勘定を示すと以下のとおりである。

（借方）				現金			（貸方）
4/1	資	本	金	100	4/13 商	品	120
4/1	借	入	金	50	4/30 残	高	120
4/29	売		上	90			
				240			240
5/1	残		高	120			

　なお、期末において、勘定を締め切る際に用いる残高勘定を「閉鎖残高勘

定」、期首において、前期末の残高を引き継ぐ際に用いる残高勘定を「開始残高勘定」と区別して、期末の振替仕訳や期首の開始仕訳を行なう考え方も存在する。

補遺 4-2　大陸式決算法と英米式決算法

　本章で解説したとおり、資産、負債、資本に属する勘定を締め切る際には、残高勘定という集合勘定を用意し、当該勘定に、資産、負債、資本に属する各勘定の残高を振り替えることで、締切を行なっていた。こうした方法を、「**大陸式決算法**」という。

　これに対して、資産、負債、資本に属する各勘定の締切にあたっては、残高勘定への振替を経ずに、以下のように直接、勘定を締め切る方法もある。

(借方)			現金			(貸方)
4/1	資　本　金	100	4/13	商　　　品	120
4/1	借　入　金	50	4/30	次 期 繰 越	120
4/29	売　　上	90			
		240			240
5/1	前 期 繰 越	120			

　この例では、現金勘定の貸借を一致させるように、(仕訳を経ずに直接)当該勘定の貸方に 120 の数値を記入している (この際、相手勘定が記入される部分には「次期繰越」と記入される)。また、次期に前期末の勘定残高を引き継ぐ際には、(開始仕訳を経ずに直接)現金勘定の借方に 120 の数値を記入している (この際、相手勘定が記入される部分には「前期繰越」と記入される)。

　このように、振替のための仕訳や開始仕訳を経ずに、直接勘定に数値を記入して、資産、負債、資本に属する勘定を締め切る方法を「**英米式決算法**」と呼ぶ。英米式決算法は、大陸式決算法と比較して、残高勘定の設定や各種の仕訳が省略されているため、簡便であるというメリットがあるものの、「勘定への記入は仕訳を経て行なう」という原則が貫徹されないというデメリットがある。

　なお、英米式決算法においても、損益勘定の設定は、大陸式決算法の場合
と同様に行なう。

第 **5** 章　試算表

第 1 節　試算表

　複式簿記の一連のプロセスを今一度振り返ってみよう。まず、企業が様々な取引を行なう。これらの取引を仕訳によって記録し、（取引別の記録である）仕訳を（項目別の記録場所である）各勘定口座へと転記する。このプロセスを一定の期間繰り返したのち、各勘定口座の残高を締め切る。そして、当該締切の際に損益勘定と残高勘定という集合勘定が用意され、これを原型に損益計算書と貸借対照表とが作成されるのであった。当該プロセスをまとめた前章の図を再掲すると以下のとおりである。

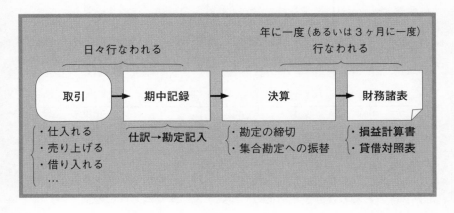

したがって、複式簿記のプロセスに最低限必要な要素はこれまでの解説で
出揃ったといえる。しかし、これまでで解説した要素が、複式簿記に登場す
る要素のすべてではない。こうしたプロセスを補助するような表や帳簿が存
在するからである。そうした表の1つに「試算表」という表が存在する。本
章では、この試算表について解説する。

「試算表」とは、簿記において、これまでの仕訳と勘定記入とが正しく行
なわれているかを確認するために、試しに計算してみるための表である。こ
の試算表には、総勘定元帳内に存在する勘定口座の借方合計額と貸方合計額
とをすべて集めて作成する「合計試算表」と、総勘定元帳内に存在する勘定
口座の残高をすべて集めて作成する「残高試算表」とが存在する。まずは、
合計試算表を例にとって、試算表の作成方法とその意義とを検討しよう。

第2節　合計試算表

(1) 合計試算表の作成

ある時点の総勘定元帳が以下のようであったとしよう。

(借方)	現金	(貸方)		(借方)	借入金	(貸方)
4/1 資　本　金 100	4/13 商　　品　120				4/1 現　　金　50	
4/1 借　入　金　50						
4/29 売　　上　90						

(借方)	商品	(貸方)		(借方)	資本金	(貸方)
4/13 現　　金 120	4/29 売上原価　60				4/1 現　　金　100	

(借方)	売上原価	(貸方)		(借方)	売上	(貸方)
4/29 商　　品　60					4/29 現　　金　90	

先にも述べたとおり、合計試算表は、総勘定元帳内に存在する勘定口座の
借方合計額と貸方合計額とを集めて作成する。すなわち、この例でいえば、

たとえば現金勘定について、その借方合計（240）を合計試算表の借方に記入し、その貸方合計（120）を合計試算表の貸方に記入する（下記の図参照）。

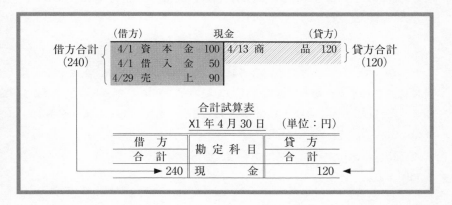

　他の勘定についても同様に、それらの借方合計額を合計試算表の借方に、貸方合計額を合計試算表の貸方に、それぞれ記入していく。最終的に、以下のような形になる。

合計試算表
X1 年 4 月 30 日　（単位：円）

借　方 合　計	勘 定 科 目	貸　方 合　計
240	現　　　　金	120
120	商　　　　品	60
	借　入　金	50
	資　本　金	100
	売　　　　上	90
60	売 上 原 価	
420		420

（2）合計試算表作成の意義
　合計試算表の特徴は、以下のとおりである。

① 合計試算表の借方合計と貸方合計とは一致する。
② 合計試算表の借方（あるいは貸方）合計と、仕訳帳の借方（あるいは貸方）の合計とは一致する。

　したがって、仮に、作成した合計試算表が上記の性質を満たしていない場合には、これまで行なってきた一連の記録のどこかでミスがあったことが分かる（ただし、分かるのは「ミスがあったこと」であり、「どこにミスがあるか」までは分からない）。
　たとえば、次のようなミスであれば、合計試算表の作成によってその存在が判明する。

・転記の際、仕訳の借方あるいは貸方のうち、片方について転記漏れがあったり、誤記があったりした場合
　⇒合計試算表の貸借が一致しないため、ミスの存在が示される。
・転記の際、仕訳の借方と貸方の両方について、同額の誤記があった場合
　⇒合計試算表の貸借は一致するが、当該一致した金額と、仕訳帳の借方（あるいは貸方）の合計金額とが一致しないため、ミスの存在が示される。
・転記の際、1つの仕訳について、丸ごと転記漏れがあったり、逆に、重複して転記したりした場合
　⇒合計試算表の貸借は一致するが、当該一致した金額と、仕訳帳の借方（あるいは貸方）の合計金額とが一致しないため、ミスの存在が示される。

　その一方で、以下のようなミスの場合、合計試算表を作成しても、その存在を発見することはできない。

・仕訳の段階で、勘定科目や金額を間違えている場合
・勘定口座を間違えて転記した場合（たとえば、現金勘定の借方に転記すべきものを、当座預金勘定の借方に転記した場合）

・借方に転記すべきものを貸方に、貸方に転記すべきものを借方に転記した
　場合

　なお、先にも少し触れたとおり、合計試算表の作成は、これまで行なって
きた記録の誤りを発見する契機となり得る。しかし、作成した合計試算表が
上記の性質を満たさなかった場合に分かるのは、あくまで「どこかに誤りが
ある」ことのみであり、それがどこかは分からない。また、合計試算表を作
成しても、その存在を発見することができないミスが存在することからも分
かるとおり、作成した合計試算表が上記の性質を満たしたからといって、誤
りがないことが保証されるわけでもないことに注意が必要である。

▌第 3 節　残高試算表

　残高試算表は、総勘定元帳内に存在する勘定口座の残高を集めて作成する。
前節（1）で用いた例をここでも用いよう。現金勘定については、その借方
合計（240）の方が、その貸方合計（120）よりも大きいため、借方に残高が
現れる。この場合の（借方）残高は 120（＝ 240 － 120）であり、この数値を
残高試算表の借方に記入する（下記の図参照）。

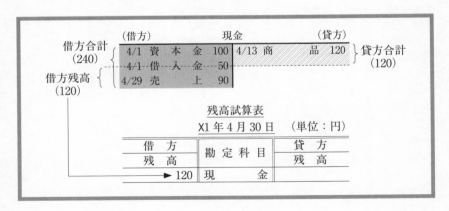

他の勘定についても同様に、残高が借方残高であれば、その金額を残高試算表の借方に、貸方残高であれば残高試算表の貸方に、それぞれ記入していく。最終的に、以下のような形になる。

残高試算表

X1 年 4 月 30 日　　（単位：円）

借　方 残　高	勘 定 科 目	貸　方 残　高
120	現　　　　　金	
60	商　　　　　品	
	借　入　金	50
	資　本　金	100
	売　　　　　上	90
60	売 上 原 価	
240		240

第 **6** 章 期中取引

　前章までで、複式簿記の基本的な仕組みの説明は終了した。ここからは、より具体的な取引に対して、どのように記帳を行なっていくのかを見ていこう。なお、仕訳から勘定への転記、そして勘定の締切と振替という一連の手続きは、どのような取引に対しても同様に行なわれる。それゆえ、この先どんなに新しい取引に遭遇しても、結局のところ、（複式簿記の入り口である）当該取引に対する仕訳さえ習得してしまえば、当該取引に対する一連の記帳を習得したものと考えて問題ない。それゆえ、この先では基本的に、新たな取引に対して、その仕訳を習得することに力点をおいて解説を行なっていく。

▌第1節　勘定科目の設定

　ここからの議論では、企業活動に伴って生じる様々な取引と、それら仕訳について学んでいくが、そうした種々の取引の仕訳にあたっては、これに対応して種々の勘定科目を設定する必要がある。各取引を仕訳する際に、どのような勘定科目を用いるかについて、（基本的な取引に対しては、おおよそのコンセンサスがあるものの）決して法令等で指定があるわけではない。あくまで、各企業が独自に決定するものである。そこで、様々な取引と、それら仕訳について学ぶ前に、勘定科目の設定に関する基本的な方針を解説する。

　勘定科目の設定にあたっては、以下の点に注意する。

① 勘定科目名を見て、当該勘定科目が指示する対象がイメージできること
② 異なる性質の対象を記録する際には、異なる勘定科目を用いること
③ 重要性に応じて、勘定科目を整理・統合すること
④ 一度設定した勘定科目は、みだりに変更しないこと

　このうち、②と③に関しては、少々の補足をする。まず、②については、大きく分けて2つの意味がある。1つは、利息の受け払いや債権債務など、相反する性質をもつものの記録を、相殺せずに行なうという考え方（これを、「総額主義の原則」と呼ぶ）を、できるだけ尊重するという意味である。もう1つは、一口に「借入金」といっても、企業の役員からの借り入れについては、銀行などの企業外部者からの借り入れとは異なる性質であると考えられるため、「役員借入金」といった勘定科目を別途用意するといったように、性質の違いに応じて異なる勘定科目を用意するという意味である。
　今し方説明した「性質の違いに応じて異なる勘定科目を用意する」という考え方を徹底していくと、次第に設定する勘定の数が多くなる。たしかに、設定する勘定科目の数を増やしていけば、それだけ取引の違いを記帳上も表現することができる。しかし、記帳上表現できる取引の違いを細かくすればするほど財産の管理に資するとも限らず、また、勘定科目を増やせばそれだけ記帳上の負担は増すことになる。そこで、③に記したとおり、重要性に応じて勘定科目を整理・統合することが求められる。たとえば、出張に係るタクシー代を「自動車賃」、電車代を「電車賃」とすれば、たしかに移動手段別の支出を別々に記帳することができるが、通常はそうした違いを考慮せず、まとめて「交通費」とする方が適切といえるだろう。
　ただし、勘定科目をどこまで増やすのか、あるいはどの財産とどの財産とを同じ勘定科目で記録するのかについては、それぞれの企業の規模や置かれた状況によって異なってくるため、②と③とを互いに斟酌して、企業ごとに適切な勘定科目の設定を行なっていく。

補遺 6-1　勘定科目と表示科目

　ここで見たとおり、勘定科目の設定は企業ごとの規模や置かれた状況に応じて設定される必要がある。なぜなら、先にも述べたとおり、こうした勘定科目の設定について、法令等で指定があるわけではないからである。これに対して、企業外部に公表する財務諸表において使用する科目（＝表示科目）については、「財務諸表規則」等といった法令での指定がある。これは、企業ごとに表示科目が異なると、財務諸表利用者が企業間の比較を行なう際に不便であるからと考えられる。第 4 章第 2 節で見た、「売上」と「売上高」、「繰越商品」と「商品」といった他にも、勘定科目と表示科目との違いは多く見られる。なお、会計学の上級テキストや、会計のルールを明文化した会計基準にて設けられる仕訳例においては、表示科目を用いて仕訳が行なわれていることも少なくない。こうした、表示科目を用いた仕訳に対しての是非は一旦置いておくとしても、学習にあたっては、勘定科目と表示科目とは別であることを知っておくと、この先無用な混乱がないと思われる。

第 2 節　商品売買

　それでは、ここからは、具体的な取引およびその仕訳について見ることとしたい。まずは、企業の最も基本的な取引である商品売買およびその仕訳について検討しよう。

(1) 商品売買に関する種々の仕訳
① 売上原価対立法
　商品売買の仕訳はこれまでにも登場してきたが、商品売買の仕訳にはこれまでに紹介した方法以外にもいくつかの方法がある。この項では、これまでに紹介した方法に加えて、三分法という方法を紹介する。まずは、これまで紹介した方法を復習しよう。たとえば、

「4月13日、販売用の商品を120円で購入し、代金を現金で支払った」

といった取引について考えよう。こうした販売用の商品の購入を「**仕入れ**」
と呼ぶ。そして仕入れが行なわれた場合には、当該取引を、
①「商品が120円増加した」
という側面と、
②「現金が120円減少した」
という側面との2つの側面から当該取引を把握し、それぞれの側面を表現す
る仕訳を行なうのであった。

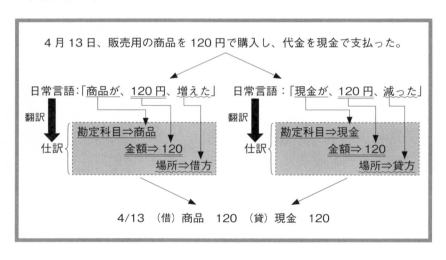

また、商品の販売時には、どのような仕訳が行なわれていただろうか。た
とえば、

「4月29日、保有する商品のうち半分を、90円で販売し、代金を現金で受け
取った」

という取引が生じた場合を考えよう。こうした取引が生じた際には2つの仕

訳が行なわれるのであった。すなわち、まずは a)「販売した商品の対価と
して現金 90 円を受け取った」という事象に対して、

①「現金が 90 円増加した」

という側面と、

②「売り上げ（という成果）が 90 円増加した」

という側面との 2 つの側面からこれを把握した仕訳が行なわれる。

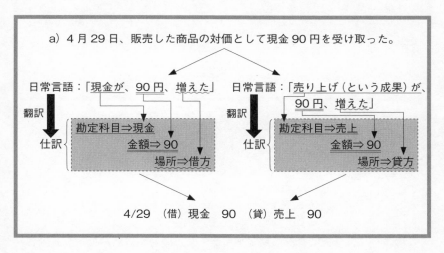

a）4 月 29 日、販売した商品の対価として現金 90 円を受け取った。

日常言語：「現金が、90 円、増えた」　　日常言語：「売り上げ（という成果）が、90 円、増えた」

翻訳　　　　　　　　　　　　　　　　　翻訳

仕訳　勘定科目⇒現金　　　　　　　　　仕訳　勘定科目⇒売上
　　　　　金額⇒ 90　　　　　　　　　　　　金額⇒ 90
　　　　　　　　場所⇒借方　　　　　　　　　　　　場所⇒貸方

4/29　（借）現金　90　（貸）売上　90

　次いで、b)「保有する 120 円分の商品のうち、その半分（= 60 円分）を販
売のため引き渡した」という事象に対して、

①「商品が 60 円減少した」

という側面と、

②「商品の消費（という努力）が 60 円増加した」

という側面との 2 つの側面からこれを把握した仕訳が行なわれる。

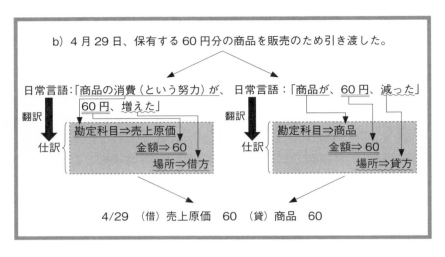

これまでの方法をまとめると、以下のとおりとなる。

	仕訳				
仕入時	（借）商品	XXX	（貸）現金	XXX	
販売時	（借）現金	XXX	（貸）売上	XXX	
	（借）売上原価	XXX	（貸）商品	XXX	

　このように、仕入時に商品勘定を増加させ、販売時に商品勘定を減少させると同時に売上原価勘定を増加させる方法を、「**売上原価対立法**」と呼ぶ。以下、売上原価対立法の長所と短所とをまとめると以下のとおりである。

［長所］
・商品勘定の残高が常に実際の商品の有高に等しくなる点
・商品売買に係る利益について、総額で記録できる点
［短所］
・販売の都度、販売した商品の仕入価格を把握する必要がある点

まず、長所から見ていこう。1 つ目の長所は、商品勘定の残高が常に実際の商品の有高に等しくなる点である。先の例でいえば、販売が行なわれた 4 月 29 日時点の商品勘定は、

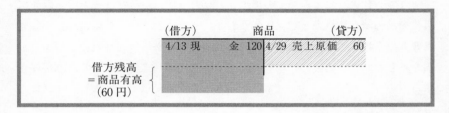

となり、借方残高 60 が、4 月 29 日時点の商品有高 60 円と一致する。

　これは、商品の仕入れや販売によって、実際の商品の残高が増減するのと同時に、記録上も商品勘定の残高が増減することに起因する。当たり前の性質のように見えるが、後述する別の商品売買に関する記録法（＝三分法）は、この性質を具備していない。

　2 つ目の長所は、商品売買に係る利益について、総額で記録できる点であり、これは、本章第 1 節にて解説した総額主義の原則と関係している。すなわち、総額主義の原則とは、相反する性質を持つものの記録を、相殺せずに行なうという考え方であるが、売上原価対立法によれば、商品売買の成果を表す売上勘定の記録と、努力を表す売上原価勘定の記録とが、それぞれ相殺されずに行なわれる。

　他方、短所は、販売の都度、販売した商品の仕入価格を把握する必要がある点である。すなわち、扱う商品の数が多くなったり、同じ商品でも単価の異なる商品が複数生じたりすると、販売の都度、販売した商品の仕入価格を把握するのが煩瑣になることが短所として挙げられる。

② 三分法

　先に見た売上原価対立法においては、販売の都度、販売した商品の仕入価格を把握する必要がある点が短所であると述べたが、これは、販売による商品の減少の都度、当該減少分に見合う商品勘定の減少記録を行なうことに起

因する。つまり、商品が減少しても、その都度減少の記録を行なわなければ、上記の実務上の煩雑さは回避することができる。しかしそうすると、売上原価を把握することができない。

そこで、仕入れによる商品の増加分に見合う記録を行なう一方で、販売による商品の減少に見合う記録は行なわず、その代わりに、期末に存在する売れ残り分を把握して、当期に仕入れた商品の総額から、売れ残った商品の金額を差し引いて、間接的に当期の売上原価を把握しようという考え方が存在する。そうした考え方の下で行なわれる記録方法が、「**三分法**」と呼ばれるものである。

より具体的に見ていこう。三分法においては、商品勘定を用いず、代わりに、当期にいくら分の仕入れを行なったのか（＝当期商品仕入高）を記録するための仕入勘定を設定する。また、期末にいくら分の商品が売れ残ったのかを記録する繰越商品勘定を設定する（これに、売上原価対立法でも用いた売上勘定を加えて３つの勘定を用いるため、三分法と呼ばれる）。これらのうち、仕入勘定は費用に属し（理由は後述）、繰越商品勘定は期末の在庫品という財産を表すため、資産に属している。

たとえば、

「4 月 13 日、販売用の商品を 120 円で購入し、代金を現金で支払った」

という取引であれば、

4/13　（借）仕入　120　（貸）現金　120

と記帳することで、当期の商品仕入高が 120 円だけ増えたことを表現する（貸方の「現金 120」は、売上原価対立法の場合と同じである）。このように、三分法においても、商品の仕入時には、（使用する勘定科目は異なるものの、売上原価対立法の場合と同様に）仕入れによって企業内の商品が増加した旨を記録する。その一方で、商品の販売時には、（売上原価対立法とは異なり）当該販売によって企業内の商品が減少した旨の記録は特に行なわない。たとえば、

「4 月 29 日、保有する商品のうち半分を、90 円で販売し、代金を現金で受け取った」

という取引が生じた場合、

4/29　（借）現金　90　（貸）売上　90

という、商品販売という成果（貸方：売上 90）および対価の受け取り（借方：現金 90）に関する記録が行なわれるのみである。

　そして、仮に 4 月 29 日の時点で期末を迎えた場合には、当該時点の商品有高 60 円分について、以下の仕訳を行なう。

4/30　（借）繰越商品　60　（貸）仕入　60

　このような仕訳を行なうことで、繰越商品勘定が 60 増加して、60 円分の商品が期末に売れ残っていることが表される。

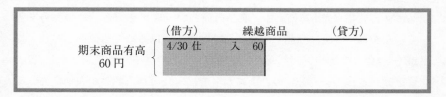

　その一方で、仕入勘定が 60 減少する。このことにより、当該仕訳が行なわれるまで当期商品仕入高（120 円）を表していた仕入勘定の残高が、当期の売上原価（60 円）を表すことになる。

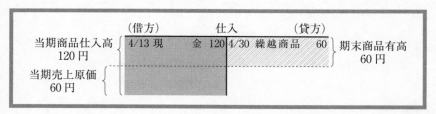

　このように、三分法においては、商品を仕入れる都度、仕入勘定への記録を期中において行なう一方で、期末に売れ残った商品の金額を差し引くこと

で、当期の売上原価を間接的に把握する。これによって、売上原価対立法のように、販売による商品の減少の都度、当該減少分に見合う商品勘定の減少記録が不要になるため、販売の都度、販売した商品の仕入価格を把握する必要がなくなるのである。

三分法の仕訳を先の売上原価対立法の仕訳と対比させながらまとめると、以下のとおりとなる。

	売上原価対立法				三分法			
	(借)		(貸)		(借)		(貸)	
仕入時	商品	120	現金	120	仕入	120	現金	120
販売時	現金	90	売上	90	現金	90	売上	90
	売上原価	60	商品	60				
期末	仕訳なし				繰越商品	60	仕入	90

さて、仕入勘定が費用に属することの理由であるが、最終的に売上原価という費用を計算するための勘定であるからという理由が挙げられる。他にも、商品に係る費用（売上原価）は、商品販売という成果を得るための努力を表しているから、実際に商品が販売された時点で、はじめて当該商品の仕入支出が（成果獲得のための努力を表す）費用としてカウントされる。しかし、日々売買を繰り返している通常の企業においては、仕入れた商品が短期に売れることが当然に想定されており、そうであるならば、仕入れた瞬間に売れてしまうと考えて、仕入時に当該仕入支出を費用としてカウントしているという理由も考えられる（ただし、売れ残り分は調整される）。

最後に、三分法の長所と短所とをまとめると、以下のとおりとなる。

［長所］
・販売の都度、販売した商品の仕入価格を把握する必要がない点
・商品売買に係る利益について、総額で記録できる点
［短所］
・商品勘定の残高が常に実際の商品の残高に等しくならない点

　これまで見てきたとおり、三分法においては、販売の都度、その販売による商品の減少を記録しない。それゆえ、販売した商品の仕入価格を逐一把握する手間を省くことができる長所がある反面、期末に売れ残り分を調整するまでは、任意の時点の商品有高を示す記録はどこにも存在しないという短所が生まれる。これら長所と短所とは表裏一体といえる。

　なお、三分法の場合に生じる仕入勘定の期末の調整については、第7章第2節の決算整理にてもう一度解説する。そこでは、期首（＝前期末）に在庫がある場合の調整についても論じている。第7章第2節は、ここから先の説明を読まなくても理解ができるように書いているので、気になる読者は先にそちらを確認して欲しい。

　また、商品売買の記帳は、簡便さを優先して、三分法によって行なわれることが非常に多い。それゆえ、本書においても、この先の商品売買の記帳方法は、三分法を基本とする。

(2) 信用取引（掛取引）

　これまで検討してきた商品売買は、いずれも現金を対価にしてやり取りすることを前提としてきた。しかしながら、企業の取引は、商品売買の頻度が高く、また金額も大きい。したがって、商品売買の都度、現金のやり取りを行なうのは、煩瑣であるし、危険でもある。そこで、ある程度の期間（たとえば、1～3ヶ月程度）、現金のやり取りなしで商品の受け渡しのみ行ない、その後、その期間にやり取りされた商品の代金を集計して、まとめて決済するという方式がしばしば採られる。このように、代金の決済を後に回して行なわれる商品売買を、一般に「**信用取引**」と呼ぶ。

　このように、信用取引においては、商品のやり取りと代金のやり取りとが、異なる時点で行なわれることになる。それゆえ仕訳も、a）商品がやり取りされる時点と、b）代金がやり取りされる時点とで、それぞれ行なわれる。本書では、信用取引の中で最も基本的な**掛取引**について学ぶ。「掛取引」は、特徴を持たない一般的な信用取引を指す。たとえば、手形（＝一定の期日に一定の金額を支払うことを約束する証書）を作成して行なう信用取引を、特に

「手形取引」というが、信用取引の中でもそうした特徴を持つ取引には別途名称が付されている。それに対して、そうした特別な名称が付されていない信用取引を、一般に「掛取引」と呼ぶのである。それでは、掛取引の購入側および販売側のそれぞれの仕訳を見ていこう。

① 購入側

　先にも述べたとおり、掛取引においては、a) 商品がやり取りされる時点と、b) 代金がやり取りされる時点とが異なるため、それぞれの時点で仕訳が行なわれる。以下、順に見ていこう。検討にあたっては、以下の設例を用いる。

設　例

・4月1日、販売用の商品を100円で購入し、代金は月末に支払うこととした。
・4月30日、4月1日に購入した商品の代金を、現金で支払った。

---

a) 商品がやり取りされる時点（＝商品を受け取った時点）

　代金のやり取りがいつであっても、商品を受け取った時点で、企業内の商品は増加する。そして、三分法では、仕入れによって企業内の商品が増加した旨が、仕入勘定にて記録される。それゆえ、三分法を前提にして、商品の受け取りを表現する場合には、少なくとも借方に「仕入100」が記録されることになる。

4/1　（借）仕入　100　（貸）???　100

　その一方で、掛取引の場合、a) 商品を受け取った時点において現金の減少は生じない。それゆえ、現金対価による売買とは異なり、「（貸）現金100」とは記録されない。その代わり、当該商品の購入者は、この時点で将来において金銭を支払う義務を負うことになる。このような、掛による仕入（＝掛仕入）に起因する、将来において金銭を支払う義務のことを「**買掛金**」と呼び、買掛金勘定を用いて記録を行なう。第1章や第2章でも説明したとおり、将

来において金銭を支払う義務は、負債に属する勘定によって表現される（借入金勘定が負債の代表例である）。それゆえ、買掛金勘定も負債に属する勘定である。

　そして、負債は貸借対照表の貸方に表示されるため、負債に属する勘定の増加は貸方に記録される。それゆえ、貸方に「買掛金 100」という記録を貸方に行なうことで、100 円だけ掛仕入によって将来の支払義務が増えたことを表現する。したがって、最終的には以下のような仕訳となる。

4/1　（借）仕入　100　（貸）買掛金　100

b）代金がやり取りされる時点（＝掛代金を支払った時点）

　買掛金を含め、将来において金銭を支払う義務は、その分の金銭を支払った時点で消滅する。それゆえ、掛代金の支払時点で買掛金勘定も減少させる。買掛金勘定は負債に属しており、負債は貸借対照表の貸方に表示されるので、減少時には借方に記録を行なう。また、これと同時に、現金などの資産が支払いによって減少するので、その資産を表していた勘定（この設例では、現金勘定）を貸方に記録する。

4/30　（借）買掛金　100　（貸）現金　100

② 販売側

　それでは次に、販売側の仕訳を見てみよう。先の設例を販売側から見ると以下のとおりである。

設 例

・4 月 1 日、商品を 100 円で販売し、代金は月末に受け取ることとした。
・4 月 30 日、4 月 1 日に購入した商品の代金を、現金で受け取った。

---

a）商品がやり取りされる時点（＝商品を引き渡した時点）

購入側において、商品のやり取りが行なわれた時点で、将来において金銭

を支払う義務が生じたのと同様に（というか反対に）、販売側においては、その時点で金銭を受け取らない分、将来において金銭を受け取る権利が生じることになる。この権利を「**売掛金**」と呼び、売掛金勘定を用いて記録を行なう。また、売掛金は、他の権利と同様に資産として考えられる。

その一方で、現金にせよ売掛金にせよ、商品を引き渡して対価を得ているので、この時点で商品を販売したという成果は得られたと考える。それゆえ、現金を対価にして商品を販売したのと同様に、商品売買に関する成果を表す売上勘定の増加を記録する。したがって、以下のような仕訳が行なわれる。

4/1　（借）売掛金　100　（貸）売上　100

b）代金がやり取りされる時点（＝掛代金を回収した時点）

先の買掛金の議論と同様に、（売掛金を含む）将来において金銭を受け取る権利は、その分の金銭を受け取った時点で消滅する。それゆえ、掛代金を受け取った時点で売掛金勘定を減少させる。なお、掛代金の受け取りについては、「受け取る」よりも「回収する」という表現の方が良く為される（これは、将来において金銭を受け取る権利、すなわち債権全般に当てはまる）。

売掛金勘定は資産に属するため、その減少時には貸方に記録する。また、これと同時に、現金などの資産が売掛金の回収によって増加するので、その資産を表していた勘定（この設例では、現金勘定）を借方に記録する。

4/30　（借）現金　100　（貸）売掛金　100

③ 貸し倒れ

上記のとおり、掛販売における対価は金銭そのものではなく、将来において金銭を受け取る権利（＝売掛金）である。それゆえ、販売代金に相当する金銭を実際に獲得できるかは、売掛金を回収してみるまでは分からない。もちろん、掛販売を行なう相手というのは、掛代金の支払いが充分に見込まれる信用のある相手である。しかし、相手の経営が立ち行かなくなり、売掛金の回収ができなくなる事態というのは充分に起こり得る。このような、売掛

金（を含む債権）が回収できなくなる事態を「**貸し倒れ**」という。

　仮に貸し倒れが生じた場合には、貸し倒れに相当する金額だけ売掛金勘定を貸方に記録して、減額する。また、貸し倒れによる売掛金の消滅は、（広くいえば）株主への帰属分である資本のマイナスを意味する。それゆえ、費用が発生したと考える。したがって、費用に属する勘定として**貸倒損失**勘定を設定し、貸し倒れた金額について、当該勘定を用いて記録する（費用の発生であるので、借方に記録される）。設例を示せば、以下のとおりである。

設例

・4月20日、4月1日に掛けによる販売で生じた100円分の売掛金が貸し倒れた。

4/20　（借）貸倒損失　100　（貸）売掛金　100

　また、このように貸倒処理した売掛金が、後日いくらか回収できる場合もある。このような場合には、（現金などの）回収した財産を表す勘定を増加させ、その一方で、回収できた分だけ収益を記録する。これは、当該回収分を、一度、貸し倒れによって減少した株主の帰属分のうち、回復した分と考える（すなわち、株主への帰属分である資本のプラス要素と考える）ためである。この際、「**償却債権取立益**勘定」という勘定が一般的に用いられる。

設例

・4月25日、4月20日に貸倒処理した売掛金のうち、20円を現金で回収した。

4/20　（借）現金　20　（貸）償却債権取立益　20

（3）返品

　仕入れた商品や販売した商品に、傷があったり品違いがあったりした場合など、商品を**返品**することもあるだろう。その場合、簿記では、仕入時や販

売時に行なった仕訳や勘定記入を、消して入力し直したり、書き直したりするのではなく、仕入時や販売時の記録はそのままにして、返品した旨の仕訳と勘定記入とを新たに行なう。

　返品時には、仕入時や販売時の仕訳の一部を取り消すようなイメージで、仕入時や販売時に行なった仕訳と、貸借反対の仕訳を行なう。以下、①仕入れた商品を返品した場合、②販売した商品が返品された場合について、それぞれ設例とともに見てみよう。

① 仕入れた商品を返品した場合

設　例
・4月2日、4月1日に掛けで仕入れた100円分の商品のうち、10円分を品違いのために返品した。

　　　　参考：4/1　（借）仕入　　100　（貸）買掛金　100

　　　　　　　4/2　（借）買掛金　10　（貸）仕入　　　10

　商品を仕入れた際には（「（借）仕入100（貸）買掛金100」）という仕訳が行なわれているはずであるので、返品した商品の仕入価額（10円）だけ、仕入勘定の減額（貸方記入）と買掛金勘定の減額（借方記入）とを行なう。

② 販売した商品が返品された場合

設　例
・4月2日、4月1日に掛けで販売した100円分の商品のうち、10円分が品違いのために返品された。

参考：4/1　（借）売掛金　100　（貸）売上　　100

　　　　4/2　（借）売上　　　10　（貸）売掛金　10

　商品を販売した際には（「（借）売掛金 100（貸）売上 100」）という仕訳が行なわれているはずであるので、返品された商品の販売価額（10 円）だけ、売上勘定の減額（借方記入）と売掛金勘定の減額（貸方記入）とを行なう。

　このように、簿記においては過去の記録を取り消すような場合でも、直接過去の仕訳や勘定記入を消したりはせず、取り消したい記録とは貸借反対の仕訳を新たに行なう。これは、修正が必要な場合でも、一度行なった記録について手を付けることなく修正を行なうことで、帳簿の信頼性を担保することに繋がるからである。

（4）諸掛り

　商品の仕入時や販売時に掛かる諸経費のことを、「**諸掛り**」という。仕入れの場合には、商品の引取費用や保管費用、販売の場合には、商品の発送費用などが、諸掛りである。商品売買の際に、諸掛りが生じた場合の仕訳は、仕入時と販売時とで対称になっていない。以下、それぞれの考え方について見ていこう。

① 仕入時に諸掛りが発生した場合

　たとえば、1,000 円の商品を仕入れて 100 円の送料が掛かった場合を考えよう。この 100 円が仕入時の諸掛りに相当する。このように、仕入時に諸掛りが発生した場合、この仕入諸掛り 100 円を含めて仕入れた商品の値段と考える。つまり、1,000 円の商品を仕入れて 100 円の送料が掛かった場合、1,100 円の商品を仕入れたと考えるのである。以下、設例を用いて見てみよう。

> **設 例**
>
> ・4月1日、1,000円分の商品を仕入れ、代金は掛けとした。なお、引取費用100円を現金で支払った。

この際、

$$4/1 \quad (借)仕入 \quad 1,000 \quad (貸)買掛金 \quad 1,000$$
$$引取費 \quad 100 \qquad 現金 \qquad 100$$

と仕訳するのではなく、1,100円の商品を仕入れたと考えて

$$4/1 \quad (借)仕入 \quad 1,100 \quad (貸)買掛金 \quad 1,000$$
$$現金 \qquad 100$$

と仕訳を行なうのである。

　なお、（その資産の本体代金以外に、）その資産がビジネスで活用可能な状態になるまでに必要となる支出を「**付随費用**」といい、その資産を取得するために掛かった金額のことを「**取得原価**」という。この例では、本体代金1,000円に、付随費用100円を合わせて、取得原価は1,100円と考えられる。

　仕入時の諸掛りは、これを支払わなければ、当該商品を仕入れることができず、延いては、その商品を販売可能な状態にすることもできない。その意味で、仕入時の諸掛りは付随費用の一種といえる。このように、付随費用は本体代金とともに取得原価に算入するのが、会計の基本的な考え方になっている（本章第3節（1）参照）。

② 販売時に諸掛りが発生した場合

　たとえば、1,000円の商品を販売し、100円の送料を自社（＝販売側）で負担する場合を考えよう。この100円が諸掛りに相当する。販売時に諸掛りが発生した場合には、仕入時とは異なり、発送費勘定等の適当な勘定科目を設定し、費用として記録する。以下、設例を用いて見てみよう。

> **設　例**
> ・4月1日、1,000円分の商品を販売し、代金は掛けとした。なお、発
> 送費用100円を現金で支払った。

4/1　（借）売掛金　1,000　（貸）売上　1,000

発送費　100　　　　　現金　100

　ここで例に挙げている自社負担の発送費用を含め、一般的に販売諸掛りは、商品の販売という成果を獲得するために必要になった支出といえる。それゆえ、当該100円分の発送費用も、（売上原価と同様に）売上などの収益からマイナスして（すなわち、費用に加えて）利益を計算することが妥当であると考えられる。それゆえ、この分を発送費勘定という費用に属する勘定を用いて記録するのである。

第3節　固定資産の売買

　「**固定資産**」とは、企業が1年を超える長期間に亘って営業活動に使用するために所有する資産のことを指す。具体的には、店舗や本社ビル、工場といった建物に加え、それらが建てられる土地、事務机やパソコンなどの備品や、工場内の機械設備などが固定資産に該当する。

　こうした固定資産が、取得され、役目を終えるまでの間に行なわれる仕訳を学んでいこう。ここからは、(1) 取得時点（どんな勘定科目を用いて、いくらで記録するか）、(2) 期末時点（固定資産の価値の減少をどのように記録するか）、(3) 売却や除却、廃棄といった固定資産の使用終了時点、の3つの時点に分けて見ていくことにしよう。

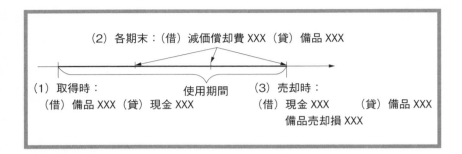

補遺 6-2　固定資産の定義

　「企業が 1 年を超える長期間に亘って営業活動に使用するために所有する資産」という固定資産の定義を、もう少し深掘りしてみよう。この定義のポイントは、（説明の便宜上、順番が逆になるが）「使用するため」という点と、「長期間に亘って」という点の 2 点にある。まず、「使用するため」という点であるが、商品とは異なり、建物や機械設備といった資産は、通常、それ自体を売却することを目的として保有されていない。それゆえ、逆に、中古車販売業や不動産業のように、車や建物それ自体の売買を本業とするような業者の場合、（売買の対象となる）車や建物は固定資産には分類されない。これまで「商品」と呼んできた資産（＝その資産の売買が会社の本業となっているような資産）を「**棚卸資産**」と呼ぶが、中古車販売業者にとっての（売買の対象となる）車や、不動産業者にとっての（売買の対象となる）建物は、棚卸資産に分類されるのである。

　したがって、同じ車であっても、各地に営業に回るためにその車を購入した場合には、当該車は固定資産に分類され、

（借）車両運搬具　100　（貸）現金　100

と仕訳が行なわれることになる（当該仕訳は、後の説明を参照）が、中古車販売業者が転売のために購入した場合には、当該車は棚卸資産に分類され、

（借）仕入　100　（貸）現金　100

と（三分法の場合）仕訳される。このように、資産の外形に関係なく、その資産を保有する目的によって、会計上の取り扱いが異なる。

2つ目のポイントは、「長期間に亘って」という点である。これは概ね1年以内に使い切るか否かで判断すればよいと考えられる。たとえば、文房具のような消耗品を考えよう。こうした消耗品も資産であるし、しかも、それ自体を売買の対象としているわけではない（つまり、使用を目的に保有されている）。しかし、文房具のような消耗品は、通常、長期間に亘って使用されるわけではない。それゆえ、こうした消耗品は固定資産には分類されることはないのである（なお、消耗品については、貯蔵品勘定を用いて記録する。これについては、本節（3）②も参照）。

（1）取得時点の会計処理
① 固定資産の具体例と勘定科目

まずは、改めて固定資産とされる資産の具体例と、それらを記録する際にどんな勘定科目が一般的に用いられるのかを紹介しよう。

具体例	勘定科目
店舗、倉庫、事務所など	建物勘定
店舗や倉庫、事務所などの敷地	土地勘定
運送用トラック、乗用車など	車両運搬具勘定
事務用机、棚、パソコンなど	備品勘定
機械設備など	機械装置勘定

もちろん、勘定科目名は絶対ではない。また、上記以外の資産で、固定資産の定義に当てはまるものを取引した場合には、適宜、適切な勘定科目の設定を検討する必要がある（本章第1節参照）。

設　例

・4月1日、備品を 1,000 円で購入し、代金を現金で支払った。

4/1　（借）備品　1,000　（貸）現金　1,000

② 付随費用の算入——いくらで記録するか

　前節（4）では、販売用の商品（＝棚卸資産）を購入して送料が掛かった場合に、どのような記録を行なうのかについて検討した。結論からいえば、1,000円のものを買って、100円の送料が掛かったら、1,100円のものを買ったと考える、すなわち、送料は仕入れた商品の取得原価に含めるのであった。

　固定資産においても、土地の登記料や備品の設置費用のように、その資産をビジネスで活用するまでに、（その資産の本体代金とは別に）何らかの支出が必要な場合がある。その場合には、先に見た仕入諸掛りと同様に、当該支出額を固定資産の取得原価に含める（つまり、5,000円の土地を買って、100円の登記料が掛かったら、5,100円の土地を買ったものと考える）のである。

　前節（4）でも述べたとおり、こうした、（その資産の本体代金以外に）その資産がビジネスで活用可能な状態になるまでに必要となる支出を「付随費用」という。また、以下の表は、固定資産に掛かる代表的な付随費用をまとめたものである。

固定資産の種類	付随費用の例
建物や土地	不動産業者への仲介手数料、登記料、（建物であれば）改装費用、（土地であれば）整地費用など
車両運搬具	購入手数料、登録手数料など
備品や機械装置	引取運賃、据付費など

　いくつか仕訳の例を見ていこう。

設　例
・4月1日、土地を1,000円で購入し、登記料100円とともに、代金を現金で支払った。

4/1　（借）土地　1,100　（貸）現金　1,100

　この例では、土地の本体代金は 1,000 円であるが、これとは別に 100 円の登記料が掛かっている。そして、登記料を支払わなければ、この土地を使うことができないので、この登記料 100 円は付随費用と考えられ、土地の取得原価に含まれる。結果として、本体代金 1,000 円に付随費用 100 円を加えた、1,100 円が土地の取得原価として考えられる。

> **設　例**
>
> ・4 月 3 日、4 月 1 日に購入した土地について、整地を行ない、その代金として 200 円を現金で支払った。

4/3　（借）土地　200　（貸）現金　200

　付随費用は、その資産がビジネスで活用可能な状態になるまでに必要となる支出であるので、購入と同時点でなくても（具体的には、購入してから使用開始までの間に）発生することがある。この設例では、購入した土地を使用可能にするために、整地を行なっている。この場合、当該整地費用を土地の取得原価に含めるために、土地勘定を追加で増加させる。上記の仕訳は、新たに 200 円分の土地を購入したかのように見えるが、この「（借）土地　200」は、200 円分だけ、土地の価値が増加したことを表現していると解釈する。

（2）期末時点の会計処理
── 固定資産の価値の減少をどのように記録するか

　固定資産を使用していると、価値が減少する。これが直観に馴染む考え方だろう。そして、もし、価値が減少しているのであれば、記録上も建物勘定や備品勘定といった勘定の残高を減額することが、妥当であると考えられる。ところが、たとえば、5 年間使う予定の備品について、この 1 年間でどれだけの価値が減少したかを把握することは容易ではないことからも分かるとおり、長期間に亘って使用される固定資産について、ある期間にどれだけの価値が減少したのかを把握することは容易ではない。しかし、使用期間中に価値が全く減っていないと考えることや、使用期間の終了時点で一気に取得当

初の価値がゼロになると考えることも、受け入れがたい想定といえる。

　そこで、たとえば、「5年間使う予定の建物について、毎年5分の1ずつ価値が減少する」といったように、固定資産の価値の減少パターンを予め仮定して、その仮定上の価値の減少に基づいて、固定資産を表す勘定（建物勘定や備品勘定）の残高を減額するという方法が採られてきた。これを「**減価償却**」という。

　それでは、具体的にどのように仕訳を行なうのかを設例に沿って見ていこう。

設　例

・1,000円で購入した備品について、今年度分の減価償却を行なう。この備品については、5年間の使用を予定し、使用期間終了後は廃棄するのみで、残る価値はゼロである。

　まず、使用予定期間の5年の間、毎年5分の1ずつ価値が減少すると仮定して、1年間の仮定上の価値の減少（＝1年間の減価償却費）を計算しよう。計算は単純で、この設例の場合には、1,000円を5で割った200円と計算される。次に、仕訳を行なって200円だけ備品勘定の残高を減少させる。結論からいえば、以下の仕訳を行なう。

（借）減価償却費　200　（貸）備品　200

　まず、「（貸）備品　200」については、200円だけ備品勘定の残高を減少させるための記録ということで、問題はないかと思われる（ただし、備品勘定の残高を直接減少させずに、備品の（仮定上の）価値減少を記録する方法も存在する。詳しくは、第7章第3節参照）。

　次に、「（借）減価償却費　200」であるが、これは、当該固定資産の（仮定上の）価値の減少分を費用として記録したものである。設例でいえば、この備品は、商品の販売といった成果を獲得するために使用され、その結果、200円分の価値が減少したと仮定されている。したがって、この200円分を、（売上原価と同様に）売上などの収益からマイナスして（すなわち、費用に加え

て）利益を計算することが妥当であると考えられる。それゆえ、この分を「減価償却費勘定」という費用に属する勘定を用いて記録するのである。

　なお、減価償却は、期中ではなく、期中記録をまとめる決算時に行なわれる会計処理である。それゆえ、本書では第7章第3節にて再び取り上げ、より詳細な議論を行なっている。

補遺 6-3　帳簿価額

　1,000円で購入した備品について、1年分の減価償却を行なうと、当該備品を表す備品勘定の残高は800円になっている。この備品勘定の残高800円は、「その備品を今、実際に売ったら（あるいは、買ったら）いくらか」という意味での価額ではなく、あくまで帳簿上の（記録上の）価額である。このような帳簿上の価額、あるいは記録上の、あるいは会計上の価額のことを、「**帳簿価額**」という。多くの場合は、勘定残高と同じ金額である（そうでない場合については、第7章第3節や第7章第4節参照）。

（3）使用終了時点の会計処理
① 固定資産の売却

　固定資産がその役目を終える場合として、売却や、除却および廃棄が挙げられる。固定資産を**売却**した場合には、売却した固定資産の帳簿価額を減額するとともに、受け取った対価についての記録を行ない、固定資産の帳簿価額と売却価額との差額を、固定資産売却益（あるいは、固定資産売却損）勘定で記録する。たとえば、以下のとおりである。

ⅰ）帳簿価額＜売却価額の場合

設　例
・帳簿価額400円の備品を500円で売却し、売却代金が当座預金口座に振り込まれた。

　　（借）当座預金　500　（貸）備品　　　　　　400
　　　　　　　　　　　　　　　固定資産売却益　100

　帳簿価額 400 円の備品が売却され、企業からなくなったため、400 円分だけ備品勘定の残高を減少させる。それとともに、売却によって当座預金が 500 円増えたので、当座預金勘定の残高をその分だけ増加させる。今回は、400 円の備品を 500 円で売却したために、100 円の売却益が生じている。売却益は、（広くいえば）株主への帰属分である資本のプラス要素、すなわち収益である。それゆえ、収益に属する勘定として固定資産売却益勘定を設定し、この度生じた売却益 100 円について、当該勘定を用いて記録する（収益の発生であるので、貸方に記録される）。なお、固定資産売却益勘定の代わりに、備品売却益勘定や建物売却益勘定など、具体的な固定資産の名称を冠した勘定科目を設定することもある（これについては、本章第 1 節も参照）。

ⅱ）帳簿価額＞売却価額の場合

設　例
・帳簿価額 400 円の備品を 150 円で売却し、売却代金が当座預金口座に振り込まれた。

　　（借）当座預金　　　　　150　（貸）備品　400
　　　　固定資産売却損　250

　こちらの設例では、400 円の備品を 150 円で売却したために、250 円の売却損が生じている。売却損は、（広くいえば）株主への帰属分である資本のマイナス要素、すなわち費用であるため、費用に属する勘定として固定資産売却損勘定を設定し、この度生じた売却損 250 円について、当該勘定を用いて記録する（費用の発生であるので、借方に記録される）。なお、固定資産売却益勘定同様、固定資産売却損勘定についても、備品売却損勘定や建物売却損勘定など、具体的な固定資産の名称を冠した勘定科目を設定することもある。

② 固定資産の除却と廃棄

次に、**除却**の場合を考えよう。「固定資産の除却」とは、固定資産を事業の用途から取り除くことをいう。ただし、売却や、この後紹介する廃棄とは異なり、その固定資産が企業からなくなってしまうわけではない。それゆえ、当該資産が未だに企業内に存在することを記録しておく必要がある。たとえば、以下のような場合である。

設　例

・帳簿価額400円の備品を除却した。なお、当該備品は50円で処分可能であると見積もられている。

　　　　（借）貯蔵品　　　　　　　50　（貸）備品　400
　　　　　　　固定資産除却損　　350

この場合、備品は本来の役目を終えたものの、当面の間は企業内に保有され、また、当該備品は50円の処分可能価額があるため、50円分の資産があることを記録する必要がある。ただし、この備品は、もはや使用のために保有される資産ではないため、固定資産とはいえない。それゆえ、備品勘定を用いて記録し続けることはできない。さりとて、販売用の商品とも異なるため、商品勘定や仕入勘定を用いることも適切ではないだろう。そこで、通常は、上に示したとおり、**貯蔵品**勘定を用いて記録を行なう。「貯蔵品」は、文房具や切手など、短期に消費してしまう（そして、販売用の商品ではない）資産一般を表す勘定科目である（本節（1）にある［補遺6-2］も参照）。

なお、処分可能価額と当該固定資産の帳簿価額との差額は、固定資産除却損（あるいは、より具体的に備品除却損などの）勘定を用いて記録する。

最後に**廃棄**であるが、廃棄の場合には、当該固定資産が企業からなくなる。売却とも異なり、何らかの対価を得るわけでもないので、廃棄した固定資産の帳簿価額を、そのまま**固定資産廃棄損**勘定を用いて費用とする。

設　例

・帳簿価額 400 円の備品を廃棄した。

（借）固定資産廃棄損　400　（貸）備品　400

　なお、この場合も固定資産廃棄損勘定に代えて、備品廃棄損勘定などを用いることも可能である。

補遺 6-4　間接法の場合の仕訳

　間接法（第 7 章第 3 節にて解説）を用いて減価償却を行なっていた場合の、固定資産の売却、除却の仕訳は以下のとおりである（なお、ここでは解説を割愛したが、廃棄も同様の考え方で仕訳を行なう）。第 7 章第 3 節を読んだ後に、戻って読んで欲しい。

設　例

・備品（取得原価 1,000 円、減価償却累計額 600 円）の備品を 500 円で売却し、売却代金が当座預金口座に振り込まれた。なお、減価償却は間接法で記帳している。

（借）備品減価償却累計額　600　（貸）備品　　　　　　　1,000
　　　当座預金　　　　　　　500　　　　固定資産売却益　　100

　間接法を用いた場合には、その固定資産の帳簿価額が、その固定資産を表す勘定（ここでは、備品勘定）と、当該固定資産の評価勘定（ここでは、備品減価償却累計額勘定）とによって表されている。売却や除却のように、固定資産がその役目を終えた場合には、その固定資産の帳簿価額を表す両勘定の残高をゼロにする。その他は、直接法と全く変わりはない。売却損の場合と除却の場合とを、それぞれ示すと以下のとおりである。

設　例

・備品（取得原価 1,000 円、減価償却累計額 600 円）の備品を 150 円で売却し、売却代金が当座預金口座に振り込まれた。なお、減価償却は間接法で記帳している。

（借）備品減価償却累計額　600　（貸）備品　1,000
　　　当座預金　　　　　　150
　　　固定資産売却損　　　250

設　例

・備品（取得原価 1,000 円、減価償却累計額 600 円）の備品を除却した。なお、当該備品は 50 円で処分可能であると見積もられている。また、減価償却は間接法で記帳している。

（借）備品減価償却累計額　600　（貸）備品　1,000
　　　貯蔵品　　　　　　　 50
　　　固定資産除却損　　　350

(4) 未払金と未収入金

　固定資産についても、商品売買における掛取引と同様に、資産の受け渡しが行なわれる時点よりも後に、代金の受け渡しが行なわれる場合がある。この場合、固定資産の売却時には、将来において金銭を受け取る権利が、固定資産の購入時には、将来において金銭を支払う義務が、それぞれ発生することになる。これらの権利（＝債権）や義務（＝債務）は、商品売買にて登場した売掛金や買掛金と同様の性格を有しているが、固定資産の売買それ自体はその会社の本業ではなく、それゆえ、固定資産の売買から生じた債権や債務は、本業から生じた債権や債務ではない。したがって、本業である商品売買から生じた債権や債務を記録する売掛金勘定や買掛金勘定とは別の勘定を設定し、区別して管理することが望ましい（また、商品売買以外の取引から生

じた債権や債務といっても、次節で見る、金銭の貸し借りによって生じた債権や債務とも区別して記録しておくべきだろう)。

このような理由から、商品の販売(あるいは金銭の貸し付け)以外の取引から生じた債権を記録する**未収入金**勘定、商品の仕入れ(あるいは金銭の借り入れ)以外から生じた債務を記録する**未払金**勘定をそれぞれ設定し、固定資産の売買から生じた債権や債務もこれらの勘定を用いて記録を行なうことが一般的である。

	商品販売によるもの	金銭貸借によるもの	それら以外
債権	売掛金	貸付金	未収入金
債務	買掛金	借入金	未払金

※金銭貸借については、本章第4節参照。

① 固定資産を購入し、後日、代金を支払った場合

設例

・4月1日、備品を1,000円で購入し、代金は月末払いとした。なお、据付費用100円を、現金で支払った。
・4月30日、4月1日に購入した備品の代金を現金で支払った。

```
4/1   (借)備品    1,100   (貸)未払金  1,000
                          現金       100


4/30  (借)未払金  1,000   (貸)現金    1,000
```

② 固定資産を売却し、後日、代金を受け取った場合

設例

・4月1日、帳簿価額400円の備品を150円で売却し、代金は月末に受け取ることとした。
・4月30日、4月1日に売却した備品の代金を現金で受け取った。

| 4/1 | （借）未収入金 | 150 | （貸）備品 | 400 |
| | 固定資産売却損 | 250 | | |

| 4/30 | （借）現金 | 150 | （貸）未収入金 | 150 |

　先にも述べたとおり、未収入勘定や未払金勘定は、商品売買や金銭貸借以外の取引から生じた債権や債務を広く記録するための勘定である。それゆえ、固定資産の売買以外の取引から生じた債権や債務も、（商品売買や金銭貸借以外の取引から生じていれば）未収入金勘定や未払金勘定を用いて記録される。ただし、これは、商品売買や金銭貸借以外の取引から生じた債権や債務の重要性（頻度や金額）が、あまり大きくはないだろうという想定の下での議論である。企業によっては、商品売買や金銭貸借以外の取引から生じる債権や債務であっても、重要性の高い債権や債務が生じることもあるだろう。その場合には、「○○未収入金」、「○○未払金」といった具体的な名称を冠した科目や、「未収入金」や「未払金」という名称を用いずとも分かりやすい科目の勘定を設定し、別途記録することが望ましい。

▌第 4 節　金銭貸借

　「**金銭貸借**」とは、金銭の貸し借りのことである。金銭を借り入れた場合については第 2 章以降度々登場しているが、ここでは新たに、金銭を貸し付けた場合や、利息の受け払いをした場合について説明しよう。

（1）金銭の借り入れとその返済（復習）
　金銭を借り入れた場合について、設例とともに仕訳を示すと以下のとおりである。

設　例
・4 月 1 日、現金 100 円を借り入れた。

4/1 （借）現金　100　（貸）借入金　100

また、借り入れた金銭を返済した場合は、以下のとおりである。

設　例

・6月30日、過去に借り入れた100円を現金にて返済した。

6/30 （借）借入金　100　（貸）現金　100

（2）金銭の貸し付けとその返済

金銭を貸し付けた場合、将来において金銭を受け取る権利が発生する。そうした場合、「**貸付金勘定**」という勘定を用いて当該権利の発生を記録する。

設　例

・4月1日、現金100円を貸し付けた。

4/1 （借）貸付金　100　（貸）現金　100

また、貸し付けた金銭の返済を受けた場合は、将来において金銭を受け取る権利がその分だけ減少するので、貸付金勘定を貸方に記録することで、当該権利の減少を表す。

設　例

・6月30日、過去に貸し付けた100円について、現金で返済を受けた。

6/30 （借）現金　100　（貸）貸付金　100

（3）利息の受け払い

企業が金銭を借り入れる目的は、基本的に、当該借り入れた金銭を事業に投資して成果を上げることにある。利息は、そうした成果獲得のために金銭を借り入れたこと（その結果、借入期間において当該金銭を自由に使用できるこ

と）に対する対価として支払っているといえる。それゆえ、当該利息の支払い分を、（売上原価と同様に）売上などの収益からマイナスして（すなわち、費用に加えて）利益を計算することが妥当であると考えられる。したがって、この分を「**支払利息**勘定」という費用に属する勘定を用いて記録する。

設 例
・5 月 15 日、借り入れた 100 円に対する利息 10 円を現金で支払った。

5/15　（借）支払利息　10　（貸）現金　10

　反対に、金銭を貸し付ける場合には、基本的には、利息の受け取りを目的として、貸し付けを行なっているといえる。したがって、利息を受け取った分については、（売上と同様に）収益に加えて利益を計算することが妥当と考えられる。したがって、この分を「**受取利息**勘定」という収益に属する勘定を用いて記録する。

設 例
・5 月 15 日、貸し付けた 100 円に対する利息 10 円を現金で受け取った。

5/15　（借）現金　10　（貸）受取利息　10

　なお、利息の受け払いは、借入金（貸付金）の返済と同時に行なわれる場合も多い。簿記においては、「ただちに」あるいは「同時に」行なわれた取引については、その「ただちに」あるいは「同時に」行なわれた取引に対応する仕訳をまとめて、仕訳を行なう。たとえば、以下のような設例を想定する。

設 例
・6 月 30 日、過去に銀行から借り入れた 100 円を、利息 10 円とともに現金にて返済した。

　この場合、a.「借り入れた金銭の返済」と b.「利息の支払い」とが同時に
行なわれている。それぞれの仕訳は、

> a.（借）借入金　　　100　（貸）現金　100
> b.（借）支払利息　　10　（貸）現金　　10

であり、貸方の現金勘定が共通しているので、両者をまとめて「（貸）現金
110」とし、上記2つの仕訳を1つにする。

> 6/30　（借）借入金　100　（貸）現金　110
> 　　　　　支払利息 10

第7章　決算整理

第1節　決算整理

　これまで述べてきたとおり、企業は、1年に一度、株主にその1年間の活動を報告する。この報告に際して、1年間の会計記録をまとめて、利益を計算すること、そして、それを**決算**と呼ぶことは、第4章にて述べたとおりである。

　そして、これまで期中取引の仕訳を解説する際に少しずつ言及してきたとおり、こうした決算にあたっては、これまでの期中取引に関する記録の結果をまとめるだけでなく、いくつかの調整を行なう必要がある。こうした決算にあたって行なわれる調整を「**決算整理**」という。

第2節　棚卸資産に関する決算整理

　決算整理の代表例は、商品売買の記帳方法に三分法を用いている場合の、仕入勘定の調整である。三分法では、仕入勘定によって、仕入れによる商品の増加時に記録を行なう一方で、販売による商品の減少時には記録を行なわない。それゆえ、期末の仕入勘定の残高は、当期に商品をどれくらい仕入れたのか（＝当期商品仕入高）を表すことになる。そして、期末においては、当該期末時点において企業内に存在する在庫品の帳簿価額（＝期末商品棚卸

高）を、仕入勘定から差し引く。こうすることで、仕入勘定の残高が売上原価を表すように調整されるのである（第6章第2節（1）②参照）。本節では、期首に在庫品が存在する場合に関する補足を、数値例を用いながら行なう。まずは、次のような例を想定してみよう。

> **設　例**
> ・第1期の当期商品仕入高は、200円（＝@20円×10個）であった。
> ・第1期に仕入れた200円分の商品のうち、160円分（＝8個分）を、360円で販売した。その結果、第1期における期末商品棚卸高は40円であった。期末（3月31日）において、売れ残り分を調整する。
> ・第2期において、第1期末商品棚卸高（＝第2期首商品棚卸高）40円分を、90円で販売した。それ以外に、第2期において商品の仕入れはなかった（それゆえ、第2期における期末商品棚卸高は0円であった）。

　この設例では、第1期に仕入れた10個（＝200円）の商品を、第1期に8個、第2期に2個、それぞれ販売した状況を想定している。

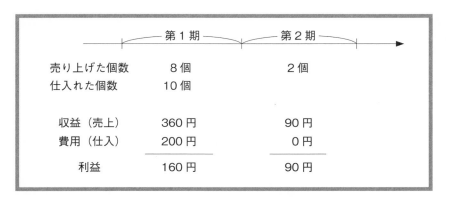

	第1期	第2期
売り上げた個数	8個	2個
仕入れた個数	10個	
収益（売上）	360円	90円
費用（仕入）	200円	0円
利益	160円	90円

　三分法で登場する仕入勘定では、販売による商品の減少記録を行なわない。そして、このまま特段の調整をせずに利益を計算した場合には、大きく2つの問題が生じる。

　1点目は、第1期の費用が過大になることである。すなわち、このまま特

段の調整をせずに利益を計算した場合には、第 1 期の商品仕入高 200 円がそのまま第 1 期の費用になる。つまり、当該商品 10 個分の費用が第 1 期に計上されることになる。ところが、第 1 期に販売したのは 8 個分であるため、このままだと、第 1 期の利益計算では、商品 8 個分の収益（売上）に対して、10 個分の費用（売上原価）が差し引かれることになってしまう（前頁の図も参照）。それゆえ、適正な利益計算を行なうために、費用（売上原価）が商品 8 個分（＝ 160 円）になるように調整する必要がある（下記の図も参照）。

　2 点目は、第 2 期の費用が過小になる点である。すなわち、このまま特段の調整をせずに利益を計算した場合には、仕入れを行なっていない第 2 期の費用はゼロになる。ところが、第 2 期には、第 1 期に売れ残った 2 個の商品を販売したため、その分の収益（売上）が計上される。それゆえ、当該収益（売上）から全く費用（売上原価）が差し引かれることなく第 2 期の利益が計算されることになってしまう（前頁の図も参照）。したがって、適切な利益計算を行なうために、第 2 期に商品 2 個分の費用（売上原価）を計上するような調整を行なう必要がある（下記の図も参照）。

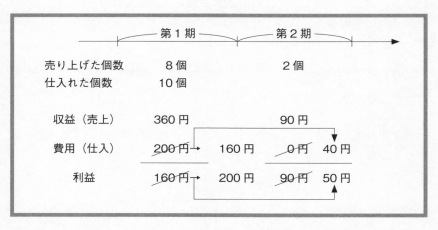

上記の発想を基に、決算にあたっていくつかの調整（＝決算整理）を行なう。
　まず、第 1 期の決算において、

3/31　（借）繰越商品　40　（貸）仕入　40

と決算整理のための仕訳を行なう。こうすることで、仕入勘定の残高が40減少する。このことにより、第1期の商品仕入高を表していた仕入勘定の残高（200）が、第1期の売上原価（160円）を表すことになる（第1期の費用が200円から160円へと修正される）。その一方で、繰越商品勘定の残高が40増加して、40円分の商品が期末に売れ残っている（＝企業内にその分の資産が存在する）ことが表される。決算整理後の仕入勘定と繰越商品勘定とを示すと以下のとおりである。

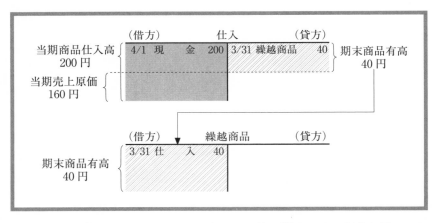

ここまでは、復習である。それでは次いで、第2期における調整を見てみよう。

　第2期の決算整理を行なう前の仕入勘定、繰越商品勘定を示すと以下のとおりとなる。

　このように、第2期においては新たに仕入れを行なっていないため、当期商品仕入高を表す仕入勘定の残高は0である。また、決算整理以外で繰越商品勘定に記録を行なうことがないため、決算整理前の繰越商品勘定の残高は、第1期末（＝第2期首）の残高である40のままである。このままでは、第2期の売上原価は0と計算され、また、第2期末において40円分の在庫品が存在することになってしまう。このため、期末において以下のように決算整理を行なう。

3/31　（借）仕入　40　（貸）繰越商品　40

　その結果、仕入勘定の残高が40増加する。これにより、第2期商品仕入高（0円）を表していた仕入勘定の残高が、当期の売上原価（40円）を表すことになる（第2期の費用が0円から40円へと修正される）。その一方で、繰越商品勘定の残高が40減少して0になり、第2期末には在庫品が存在しないことが表される。決算整理後の仕入勘定、繰越商品勘定を示すと以下のとおりとなる[1]。

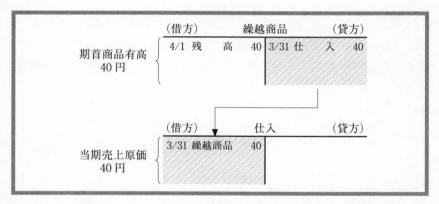

　最後に、これまでのまとめを兼ねて、期首にも期末にも在庫品が存在する場合の決算整理を見てみよう。以下の例を想定する。

設 例

・期首商品棚卸高は、200円である。

・当期商品仕入高は、800円である。

・期末商品棚卸高は、300円である。

　この例では、期首に200円分の在庫があり、期中に800円分の商品を仕入れ、期末に300円分の商品が売れ残っている状態を仮定している。決算整理前の仕入勘定と繰越商品勘定とを示せば以下のとおりである（仕入勘定に記入されている日付は、便宜的なものである）。

　これまで見てきたとおり、仕入勘定の残高は当期商品仕入高（800円）を示し、繰越商品勘定の残高は期首商品棚卸高（200円）を示している。決算整理にあたっては、これまで見てきた2つ（期首商品の調整と期末商品の調整）を同時に行なう。すなわち、

　　　3/31　（借）仕入　　　　200　（貸）繰越商品　200

　　　3/31　（借）繰越商品　300　（貸）仕入　　　　300

1　本文でも述べたとおり、決算整理以外で繰越商品勘定に記録を行なうことはない。それゆえ、仮に期首の在庫品を販売した場合でも、

　　　4/5　（借）売上原価（あるいは仕入）　400　（貸）繰越商品　400

といった仕訳は行なわない。あくまで、決算整理時に仕入勘定を調整するときにのみ登場する。それゆえ、本章第5節で解説する経過勘定に近い性質の勘定なのではないかと考えられる。

という仕訳を行なう。これによって、仕入勘定は以下のようになり、その残高が当期の売上原価（700円）を示すことになる。また、繰越商品勘定の残高が、期末商品棚卸高（300）を示すことになる。

（借方）		仕入			（貸方）
4/1	現　　金	800	3/31	繰越商品	300
3/31	繰越商品	200			

（借方）		繰越商品			（貸方）
4/1	残　　高	200	3/31	仕　　入	200
3/31	仕　　入	300			

第3節　減価償却

　第6章第3節では、企業が1年を超える長期間に亘って営業活動に使用するために所有する資産、すなわち**固定資産**についての説明を行なった。固定資産は、その使用によって価値が減少すると考えられるものの、その価値が一期間でどれくらい減少したのかを把握することは容易ではない。それゆえ、たとえば、「5年間使う予定の備品について、毎年5分の1ずつ価値が減少する」といったように、固定資産の価値の減少パターンを予め仮定して、その仮定上の価値の減少に基づいて、固定資産を表す勘定（建物勘定や備品勘定）の残高を減額する「**減価償却**」という手続きによって、価値の減少が記録されるのであった。

　また、固定資産が、売り上げなどの成果を獲得するために使用され、その使用によって価値が減ったと考えるのであれば、当該価値の減少分を、利益を計算する際に収益からマイナスする（すなわち、費用とする）ことが妥当と考えられる。減価償却では、このような考え方を背景にして、固定資産を表す勘定残高が減額されるのに伴って、当該（仮定上の）価値の減少分について、費用の発生が記録されるのであった。本節では、この減価償却につい

て、より詳しく検討していこう。

(1) 定額法と定率法——価値減少パターンに関する代表的な仮定

これまで見てきたとおり、固定資産を1年間使用して、その間にどれくら
いの価値が減少したのかを客観的に把握するのは難しい。そこで、固定資産
の価値の減少パターンを予め仮定しておき、このパターンに則って固定資産
の価値が減少すると考える。これが減価償却の基本的な発想であった。

減価償却が上記のような発想に基づいて行なわれる手続きであるとすると、
減価償却を行なう際に大切なのは、固定資産の価値の減少パターンをどのよ
うに仮定するかという点だろう。第6章第3節にて紹介した仮定を含めて、
減価償却が行なわれるのにあたって置かれてきた代表的な仮定をまとめると
以下のとおりである。

①毎期間、一定**額**ずつ価値が減少するという仮定
②毎期間、一定**率**ずつ価値が減少するという仮定

そして、①の仮定に則って減価償却を行なう方法を「**定額法**」、②の仮定
に則って減価償却を行なう方法を「**定率法**」と呼ぶ。以下では、それぞれの
方法についてより詳しく検討しよう。

① 定額法

「**定額法**」とは、固定資産の価値が、毎期間、一定額ずつ減少すると仮定
して、減価償却を行なう方法である。これは、第6章第3節にて紹介した「5
年間使う予定の建物について、毎年5分の1ずつ価値が減少する」といった
仮定に基づいて行なわれる方法である。以前に紹介した際には、専門用語を
避けて解説を行なったので、ここでは専門用語の解説をしつつ、定額法の復
習をしよう。

> **設　例**
> ・取得原価 1,000 円の備品について、今年度分の減価償却を行なう。な
> 　お、減価償却方法は定額法、耐用年数は 5 年、残存価額は取得原価の
> 　10% とする。

　既に何度か述べているとおり、「**取得原価**」とは、その備品の購入金額（＝
本体代金＋付随費用）である。これに加えて、減価償却特有の専門用語として、
耐用年数と残存価額とが挙げられる。「**耐用年数**」とは、その固定資産の使
用予定期間のことである。これは、その固定資産が使用可能な期間（＝その
固定資産の寿命）ではなく、あくまで、各企業が（独自の判断で）その固定資
産を使用する予定の期間である。したがって、耐用年数が終了した後であっ
ても、中古市場に売却が可能な場合などもある。そして、こうした場合には、
耐用年数終了後であっても当該固定資産に価値が残ると判断される可能性が
ある。この、耐用年数終了後に残る（予定の）価値のことを「**残存価額**」と
いう。

　改めてこの設例を見てみよう。この設例では、残存価額が取得原価（1,000
円）の 10% とされているので、100 円分の価値が耐用年数終了後にも残って
いると予想されている。したがって、耐用年数の 5 年間で減少する価値（「**要
償却額**」という）は、900 円（＝ 1,000 円 − 100 円）である。これが、5 年間か
けて一定額ずつ減少すると考えるので、1 年間で 180 円分だけ価値が減少す
ると計算される。なお、ここでの 180 円、すなわち、この仮定上の価値減少
分を「減価償却額」という。ここまでの説明を踏まえて、定額法による減価
償却額の計算を一般化した式が以下のとおりである。

$$減価償却額（定額法）＝\frac{取得原価−残存価額}{耐用年数}$$

　また、ここまでの計算を図示すると、以下のようになる。

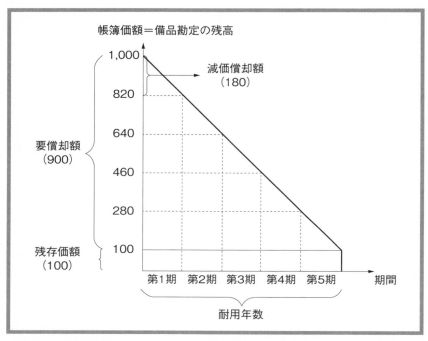

　こうして計算された1年間の減価償却額に基づいて、仕訳を行なう。仕訳
では、備品勘定の残高（すなわち、帳簿価額）を減少させ、それと同時に、
減価償却費勘定を用いて費用を計上する。

3/31　（借）減価償却費　180　（貸）備品　180

　なお、第6章第3節でも軽く指摘したが、備品勘定の残高を直接減少させ
ずに、備品の帳簿価額を減少させる方法も存在する。これについては、本節
(2) で説明することとして、先に、定率法による減価償却額の計算方法を見
てみよう。

② 定率法

　「定率法」とは、固定資産の価値が、毎期間、一定率ずつ減少すると仮定
して、減価償却を行なう方法である。先に、定率法による減価償却額計算の

一般式を示すと以下のとおりである。

減価償却額（定率法）＝（取得原価－期首減価償却累計額）×償却率

　ここで、「**減価償却累計額**」とは、これまでその固定資産について計上してきた減価償却費をすべて足し合わせたものである。いい換えれば、取得時から現在までに生じた（仮定上の）価値の減少分である。したがって、「取得原価－期首減価償却累計額」は、その固定資産の期首における帳簿価額に他ならない。定率法ではこれに、一定の方法で定めた償却率と呼ばれる係数を掛けて当期 1 年間の減価償却額を計算する。以下、設例を用いて具体的に見てみよう。

設　例
・取得原価 1,000 円（期首減価償却累計額 602 円）の備品について、今年度分の減価償却を行なう。なお、減価償却方法は定率法、償却率は 0.369 とする。

　まず、取得原価が 1,000 円であり、期首の減価償却累計額が 602 円とあるので、現在この備品の帳簿価額は 398 円（＝ 1,000 円－ 602 円）であることが分かる。そして、定率法では、この 398 円に償却率 0.369 を掛けて減価償却額を計算するため、今年の減価償却額は 147 円（＝ 398 円× 0.369）となる。したがって、減価償却の仕訳は、以下のとおりとなる。

　　　　3/31　（借）減価償却費　147　（貸）備品　147

　定率法の計算を図示すると以下のとおりとなる。

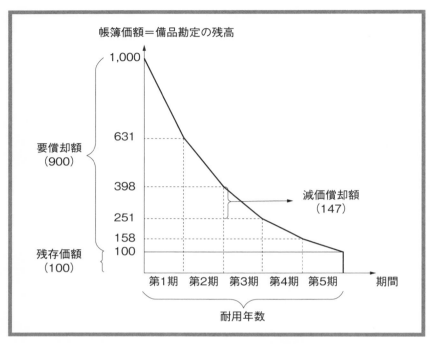

この図を見ると分かるとおり、定率法では減価償却額が毎年少なくなっている。

補遺 7-1　償却率の決定

償却率はどのように決定されるのか。1つは、

$$償却率 = 1 - \sqrt[耐用年数]{\frac{残存価額}{取得原価}}$$

となるように、償却率を算定する方法が挙げられる。導出方法は以下のとおりである。まず、先の［設例］で見たとおり、定率法の減価償却額（147円）は期首帳簿価額（398円）に償却率（0.369）を用いて算定される。

$$減価償却額 = 期首帳簿価額 \times 償却率$$

この減価償却額を期首帳簿価額から差し引いて期末帳簿価額が算定されるので、期末帳簿価額は、期首帳簿価額に（1－償却率）を掛けた値になる。

$$期末帳簿価額 = 期首帳簿価額 - 期首帳簿価額 \times 償却率$$
$$\leftrightarrow 期末帳簿価額 = 期首帳簿価額 \times （1 - 償却率）$$

この関係は、どの期においても成立し、第1期首の帳簿価額は取得原価であるので、

・第1期末帳簿価額 ＝ 第1期首帳簿価額×（1－償却率）

　　　　　　　　　＝ 取得原価×1－償却率

・第2期末帳簿価額 ＝ 第2期首帳簿価額×（1－償却率）

　　　　　　　　　＝ 第1期末帳簿価額×（1－償却率）

　　　　　　　　　＝ 取得原価×（1－償却率）×（1－償却率）

　　　　　　　　　＝ 取得原価×$（1－償却率）^2$

・第3期末帳簿価額 ＝ 第3期首帳簿価額×（1－償却率）

　　　　　　　　　＝ 第2期末帳簿価額×（1－償却率）

　　　　　　　　　＝ 取得原価×$（1－償却率）^2$×（1－償却率）

　　　　　　　　　＝ 取得原価×$（1－償却率）^3$

$$\vdots$$

・第n期末帳簿価額 ＝ 第n期首帳簿価額×（1－償却率）

　　　　　　　　　＝ 第n－1期末帳簿価額×（1－償却率）

　　　　　　　　　＝ 取得原価×$（1－償却率）^{n-1}$×（1－償却率）

　　　　　　　　　＝ 取得原価×$（1－償却率）^n$

となる。こうした計算を毎期行なった結果として、耐用年数終了時点の帳簿価額が残存価額に等しくなればよいので、上記の式のうち、nを耐用年数、第n期末帳簿価額を残存価額にそれぞれ置き換えれば、

$$残存価額 = 取得原価 \times (1 - 償却率)^{耐用年数}$$

となる。この式を、償却率について解けば、冒頭の式が得られる。なお、先の［設例］で用いた償却率は、取得原価 1,000 円、残存価額 10%、耐用年数 5 年となるように、設定されている。

　この他、

$$償却率 = \frac{1}{耐用年数} \times 2 （あるいは、2.5）$$

として、償却率を求める方法もある。たとえば、耐用年数が 5 年の場合、$\frac{1}{5} = 0.2$ に、2（あるいは、2.5）を掛けて、償却率は 0.4（あるいは、0.5）とする。$\frac{1}{耐用年数}$ に 2 を掛けた償却率を用いて行なう減価償却を「**200% 定率法**」、2.5 を掛けた償却率を用いて行なう減価償却を「**250% 定率法**」と呼ぶ。

　なお、200% 定率法、250% 定率法では、そのいずれにおいても、「毎期、最低でもこれだけの金額は償却する」という意味の「償却保証額」という考え方が存在する。これは、200% 定率法や 250% 定率法は、残存価額をゼロにすることを念頭に置いた方法であること、定率法では減価償却額が徐々に減っていくため、特別なことをしない限り残存価額がゼロにはならないことの 2 点から、ある程度減価償却額が小さくなってきた時点（正確には、減価償却額が「**償却保証額**」と呼ばれる金額を下回った時点）で、償却率を「**改定償却率**」と呼ばれる率に切り替えて、半ば強制的に残存価額をゼロにするのである（また、最終年度は、帳簿価額が 1 円になるように減価償却を行なう）。簡単な設例でこれを確認しよう。

設　例

　備品（取得原価 1,000 円、耐用年数 5 年、残存価額ゼロ）について 200% 定率法により減価償却を行なった場合、各期の減価償却費を算定しなさい。

　なお、上記の条件による保証率は 0.108、改定償却率は 0.5 である。

　まず、200% 定率法においては、

$$償却率 = \frac{1}{耐用年数} \times 2$$

によって、償却率を求めるため、この設例における償却率は、0.4（＝ 1/5 × 2）である。したがって、基本的には、期首帳簿価額に 0.4 を掛けていけば各期の減価償却額を計算することができる。ひとまず、5 年に亘って、当該償却率を用いて減価償却額を計算してみると、以下のとおりとなる。

・1 年目：1,000 円 × 0.4 ＝ 400 円
・2 年目：600 円（＝ 1,000 円 − 400 円）× 0.4 ＝ 240 円
・3 年目：360 円（＝ 600 円 − 240 円）× 0.4 ＝ 144 円
・4 年目：216 円（＝ 360 円 − 144 円）× 0.4 ＝ 86.4 円
・5 年目：129.6 円（＝ 216 円 − 86.4 円）× 0.4 ＝ 51.84 円

　このように、5 年に亘って減価償却を行なっても、5 年後の帳簿価額はゼロにはならない。そこで、先にも述べたとおり、減価償却額が「償却保証額」と呼ばれる金額を下回った時点で、償却率を、ここで求めた償却率（0.4）から改定償却率（0.5）へと切り替える。償却保証額は、「取得原価 × 保証率」で求められるため、この設例では、108 円（＝ 1,000 円 × 0.108）である。

　各期の減価償却額を見てみると、初めて「減価償却額 ＜ 償却保証額」となるのは 4 年目であることが分かる（86.4 円 ＜ 108 円）。したがって、4 年目以降は、改定償却率による償却を行なう。また、5 年目は最終年度であるので、帳簿価額が 1 円になるように減価償却を行なう。すなわち、4 年目以降の減価償却額は以下のとおりとなる。

・4 年目：216 円 × 0.5 ＝ 108 円
・5 年目：108 円 − 1 円 ＝ 107 円

　なお、帳簿価額を 1 円残す理由は、減価償却の対象となっている固定資産（この設例では備品）が、耐用年数終了後も、固定資産として企業の中に存在している間は（つまり、売却や廃棄、除却などが為されていない間は）、帳簿から完全に除外しないようにしておくためである。こうした、ある勘定を帳簿

に残しておくために、仮置きする金額（通常1円）を、「**備忘価額**」という。

　さらに補足すると、耐用年数終了後の帳簿価額をゼロ（実際には1）にするという目的それ自体は、最終年度に備忘価額（1円）を残すように減価償却を行ないさえすれば、達成される。それゆえ、途中で改定償却率へと切り替える必要はないようにも思われる。しかし、当初の償却率（0.4）で償却し続けた場合には、5年目の減価償却額が128.6円（＝129.6円−1円）となり、当初の償却率で償却をした場合の4年目の減価償却額（86.4円）よりも大きくなる。定率法は基本的に、減価償却額が徐々に少なくなっていく減価償却方法であるので、最終年度における減価償却額が少なくとも前年を上回らないようにするために、改定償却率を用いるのである。

(2) 直接法と間接法——帳簿価額を減少させる方法

　これまでの説明では、

（借）減価償却費　200　（貸）備品　200

のように、固定資産の帳簿価額を減少させる際に、その固定資産を表す勘定の残高を減額させていた。しかし、この方法だと、200円分の備品が企業からなくなってしまったかのように見える。仮に、この備品の取得原価が1,000円だとすると、上記の仕訳が1年目の減価償却として行なわれた時点で備品勘定の残高は800円（当初の5分4）になるが、そうだからといって、2年目から当該備品5分の4しか使えなくなるわけではない。多少汚れたり動きが悪くなったりといったことはあっても、2年目も（1年目と同じく）備品のすべてを使用できるはずである。

　このように、実際に使用している固定資産の規模と、その固定資産を表す勘定の残高とが、減価償却を行なうことによって乖離する。そして、こうした乖離は、その固定資産について誤解を招くような情報を提供することになってしまうかもしれない。そこで、固定資産の帳簿価額を減少させる際に、その固定資産を表す勘定の残高を直接減額する代わりに、「**減価償却累計額勘定**」という勘定を用いる方法が存在する。仕訳を示せば以下のとおりである。

（借）減価償却費　200　（貸）減価償却累計額　200

　この仕訳では、「（貸）備品　200」が記録されていないので、この仕訳を転記しても備品勘定の残高は減額されずに、取得原価のまま据え置かれる。こうして、備品勘定の残高は、当該備品の規模と乖離することがなくなり、また、現在の備品の帳簿価額は、備品勘定の残高と備品減価償却累計額勘定の残高とを併せて見ることで、間接的に把握されることになる（下記の勘定を参照）。

　この減価償却累計額勘定の残高は、次年度に繰り越され、次年度の減価償却において同様の仕訳が行なわれてこれが転記されることで、減価償却累計額勘定には 2 年分の減価償却額が記録された状態になる（下記の勘定を参照）。

　このように、減価償却累計額勘定を用いて、固定資産の帳簿価額を間接的に減少させる方法を「**間接法**」といい、その一方、その固定資産を表す勘定の残高を減額して、固定資産の帳簿価額を直接減少させる方法を「**直接法**」という。また、ここでの減価償却累計額勘定のように、資産の帳簿価額を間接的に減額させるための勘定のことを「**評価勘定**」と呼ぶ。

最後に、間接法を用いた場合の貸借対照表の表示を見よう。

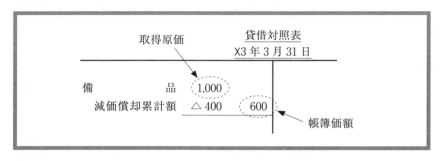

第4節　貸倒引当金

　第6章第2節では、掛けによる商品売買について解説を行なった。掛取引とは要するに、代金の決済を後に回して行なわれる商品売買であり、一定期間に生じた売買代金を後日まとめて決済する取引である。これによって商品売買の都度、現金のやり取りを行なうリスクを回避することができるのであった。

　こうした掛取引では、販売時に企業への現金収入はないが、当該代金相当分の現金を将来において受け取る権利（＝債権）が発生し、これを対価として受け取ったと考えて、売上という収益の認識を行なう。しかし、その分の現金収入が本当に企業にもたらされるかどうかは、実際に現金を回収してみるまでは分からない。もちろん、当該販売先が約束どおりに代金を支払うと見込んでこそ掛販売を行なうわけだが、不測の事態というものが起きる可能性はある。そして、実際に売掛金が回収できなくなった場合（＝貸し倒れた場合）には、その分の売掛金勘定の残高を減額するとともに、その分の費用を貸倒損失勘定にて記録するのであった（第6章第2節）。

　ところで、たしかに、どの会社が貸し倒れるかは予測するのが難しかったとしても、たとえば、「売掛金のうち 2% くらいは毎年貸し倒れる」といったように、毎年どれくらいの確率で貸し倒れるかについては、ある程度予測

することが可能な場合も多い。そしてそのような場合に、決算に際して、期末に保有する売掛金のうち一部について、帳簿価額の減額と費用の計上とを実際の貸し倒れに先んじて行なっておくという会計処理が行なわれる。ここでは、これについて解説しよう。

（1）貸倒引当金の設定

　先にも述べたとおり、どの会社が貸し倒れるかは予測するのが難しかったとしても、毎年どれくらいの確率で貸し倒れるかについては、ある程度予測することが可能な場合も多い。そして仮に、このような（＝たとえば、毎年売掛金の 2% が貸し倒れると予測される）場合に、期末において 500 円分の売掛金を保有していたならば、10 円（＝ 500 円× 2%）分は回収できないことが期末において合理的に予測されているといえる。この場合、期末における売掛金の価値は、事実上は 490 円（＝ 500 円－ 10 円）分しかないと考えることが合理的といえる。

　したがって、期末において 500 円分の売掛金を保有している場合には、売掛金勘定の残高も 500 円（すなわち、売掛金の帳簿価額は 500 円）と考えられるが、上記の考え方に従えば、売掛金の帳簿価額を 490 円に減額しておくことが合理的といえる。さらに、売掛金の帳簿価額に見合うだけの収益が、売上勘定にて計上されていると考えられるが、実際には 490 円しか回収できない（当該掛販売によって増加した株主への帰属分は、事実上は 490 円）ことが合理的に予測されているのなら、その期の収益の金額も 490 円と考える方が合理的ともいえる。

　こうした考え方に基づけば、未だ実際には貸し倒れていなかったとしても、10 円分だけ売掛金の帳簿価額を減額し、10 円分だけ収益をマイナスすることが合理的といえる。とはいえ、実際に貸し倒れていない段階で、売掛金勘定や売上勘定の残高を直接減額するのは、これまた妥当とはいい難い。

　そこで、売掛金の帳簿残高については、（売掛金勘定のマイナスを表す）**評価勘定**を用いて、間接的に 10 円分の帳簿価額を減少させる（発想は減価償却累計額勘定と同様である）。このように、当期末に保有する売掛金のうち、将

来に貸し倒れることが合理的に見積もられる部分について設定する評価勘定を「**貸倒引当金**勘定」といい、貸倒引当金勘定を計上することを「貸倒引当金を設定する」などという。貸倒引当金勘定は、減価償却累計額勘定と同様に、資産のマイナスを表す評価勘定であるから、これを増加させる際には貸方に記録をする。

他方、貸倒引当金の設定にあたって、借方には「**貸倒引当金繰入**勘定」という費用に属する勘定を記録する。つまり、収益の減額ではなく費用を計上することで、10円分だけ利益を減少させるのである。具体的な設例を用いると以下のとおりである。

設 例

・売掛金勘定の期末残高 500 円に対して、2% の貸倒引当金を設定する。

3/31　（借）貸倒引当金繰入　10　（貸）貸倒引当金　10

（借方）	貸倒引当金	（貸方）
	3/31 貸倒引当金繰入　10	

貸借対照表では、以下のように表示される。

貸借対照表
X2 年 3 月 31 日

売　掛　金	500	
貸 倒 引 当 金	△ 10	490

（2）貸倒引当金の取り崩し

前期末に貸倒引当金を設定した売掛金が、実際に貸し倒れた場合には、貸し倒れた分だけ売掛金勘定を減額すると同時に、貸倒引当金勘定も減額する。

> **設 例**
> ・4 月 20 日、前期に掛けによる販売で生じた 8 円分の売掛金が貸し倒れた。なお、貸倒引当金勘定の残高は 10 円である。

4/20　（借）貸倒引当金　8　（貸）売掛金　8

（借方）	貸倒引当金	（貸方）
4/20 売　　掛　　金　8	4/1 残　　　　　高　10	

　このように、前期末に貸倒引当金を設定しておくことで、実際に貸し倒れた時点で、損失が計上されることを "防ぐ" ことができる（もちろん、前期に費用計上しているので、貸し倒れに相当する金額は、いずれかの期間において費用になることには変わりない）。

　ただし、前期末に設定した貸倒引当金よりも多額の貸し倒れが生じた場合には、実際の貸し倒れが設定された貸倒引当金を上回る分だけ、貸倒損失が計上される。先の［設例］に続いて、以下のような事象が生じた場合を想定しよう。

> **設 例**
> ・5 月 15 日、前期に掛けによる販売で生じた 5 円分の売掛金が貸し倒れた。なお、貸倒引当金勘定の残高は 2 円である。

5/15　（借）貸倒引当金　2　（貸）売掛金　5
　　　　　　貸倒損失　　　3

この設例では、5月15日の時点で貸倒引当金勘定の残高が2円しか存在しないため、貸し倒れによる損失の発生を2円までしか防ぐことができない。そのため、2円を超えて貸し倒れが発生したこの例では、当該超過額3円が貸倒損失として当期の費用になる。

　また、貸倒引当金というのは、あくまで前期末時点で保有されていた売掛金に対して設定されているものである。したがって、当期に新たに取得した売掛金について、これが当期中に貸し倒れた場合には、(仮に貸倒引当金勘定の残高がゼロになっていなくても)貸し倒れた金額だけ貸倒損失を計上する。

設 例
・4月5日、当期に掛けによる販売で生じた3円分の売掛金が貸し倒れた。なお、貸倒引当金勘定の残高は10円である。

　　　　4/5　(借)貸倒損失　3　(貸)売掛金　3

(3) 貸倒引当金の補充

　貸倒引当金の設定は、毎期末行なわれるが、期末において貸倒引当金勘定に残高がある場合(つまり、前期末に設定した貸倒引当金を使い切らなかった場合)には、当該残高と当期末の貸倒見積額との差額だけ、貸倒引当金勘定を増額させる。

設　例

・売掛金勘定の期末残高 700 円に対して、2% の貸倒引当金を設定する。
　なお、当期末において、貸倒引当金勘定の残高は 2 円である。

（借）貸倒引当金繰入　12　（貸）貸倒引当金　12

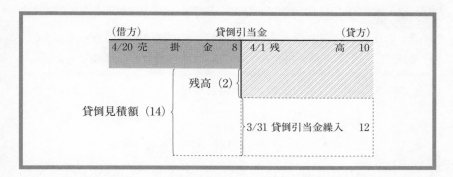

　この設例では、700 円の売掛金に対して 2%、すなわち、14 円（= 700 円
× 2%）の貸倒引当金を期末において設定する。ただし、前期末に設定した
貸倒引当金が 2 円だけ残っているため、その残額（2 円）と当期末の貸倒見
積額（14 円）との差額の 12 円だけ、貸倒引当金勘定を増額させる仕訳を行
なう。

第 5 節　経過勘定

　決算整理の最後として、経過勘定について解説しよう。「経過勘定」とは、
収支の効果と収支の時点とが一致しない場合に、そのズレを調整する勘定と
いえる。経過勘定が使用されるパターンとしては、(1) 費用を支出よりも後
の期に計上するために行なう「費用の繰り延べ」、(2) 収益を収入よりも後
の期に計上するために行なう「収益の繰り延べ」、(3) 費用を支出よりも前
の期に計上する「費用の見越し」、(4) 収益を収入よりも前の期に計上する「収
益の見越し」、という 4 つの処理が想定される。まずは、(1) 費用の繰り延

べを取り上げながら、経過勘定について理解を深めていこう。

(1) 費用の繰り延べ

たとえば、以下のように、期中に向こう1年分の保険料をまとめて支払った場合を想定しよう。

設　例

・X1年9月1日、向こう1年分の保険料120円を現金で支払った。なお、当期は、X1年4月1日からX2年3月31日までの1年間である。

この場合、9月1日の保険料支払いの時点で、以下のような仕訳が行なわれる。

9/1　（借）保険料　120　（貸）現金　120

したがって、費用に属する保険料勘定には、1年分の保険料（120円）が記録される。

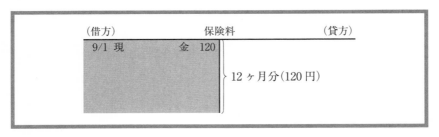

ところが、当期はX1年4月1日からX2年3月31日まであるため、当期に消費した保険の効果は、X1年9月1日からX2年3月31日までの7ヶ月分だけであり、残りの5ヶ月分の効果は、次期に消費される（次頁の図参照）。

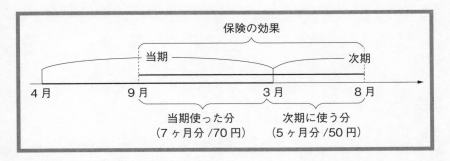

それゆえ、当期に費用としてカウントすべきは、1 年分の保険料（120 円）ではなく、そのうちの 7 ヶ月分（70 円）であると考えられる。したがって、まずは、保険料勘定の残高を 7 ヶ月分に減額する（＝保険料勘定の残高から 5 ヶ月分を減額する）必要がある。保険料勘定は費用に属する勘定であるので、減少時には、貸方に記録が行なわれる。

3/31　（借）？？？　50　（貸）保険料　50

問題は、借方をどのように記録するかである。これについては、X2 年 4 月 1 日から X2 年 8 月 31 日までの 5 ヶ月間は、追加での支出なしで当該保険の効果を享受できるため、期末の時点で、5 ヶ月分の保険の効果を得る権利、すなわち資産があると考える。資産の増加は借方に行なわれることから、これでうまく貸借に記録ができることになる。ここで、5 ヶ月分の保険の効果を得る権利を表す勘定として、「前払保険料勘定」という勘定が用いられる。したがって、以下のような仕訳が行なわれる。

3/31　（借）前払保険料　50　（貸）保険料　50

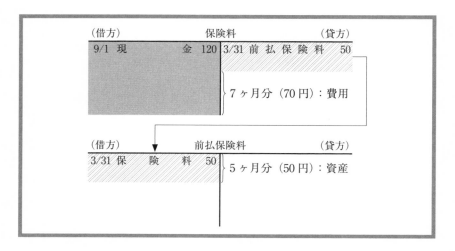

　ここで登場した前払保険料勘定のように、収支の効果と収支の時点とが一致しない場合に、そのズレを調整する際に用いる勘定のことを「**経過勘定**」という。また、この例では、前払いした1年分の保険料のうち5ヶ月分について、当期の費用から除いて、次期の費用にしている。このように、収支の時点がその効果が及ぶ前の時点にあり、収支の効果が期を跨いで及ぶ場合、次期に効果が及ぶ分を当期の収益や費用から除くことを、収益や費用の「**繰り延べ**」という。なお、今回は、保険料を前払いした場合であったので、前払保険料勘定という科目を用いたが、これが家賃の前払いであれば前払家賃勘定、地代の前払いであれば前払地代勘定を用いることになる。

　最後に再振替仕訳について説明しよう。「**再振替仕訳**」とは、前期の決算整理仕訳を取り消す仕訳である。経過勘定には、収支の効果が次期にも及ぶ場合に、その分を当期の収益や費用から除くという役割があるのと同時に、同額を次期の収益や費用に含めるという役割もある。そのため、前期に行なった繰り延べのための仕訳を取り消す仕訳を行なうことで、前期から繰り延べられた費用を当期に計上することができる。

設　例

・X2 年 4 月 1 日、前期決算にて行なった以下の仕訳について、再振替
仕訳を行なう。

（借）前払保険料　50　（貸）保険料　50

4/1　（借）保険料　50　（貸）前払保険料　50

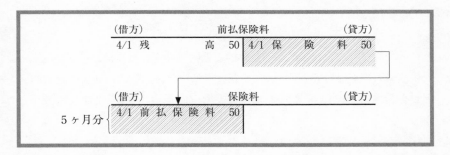

　こうすることで、前払保険料勘定の残高がゼロになるのと同時に、保険料
勘定の残高が 50 となり、X1 年度から続く保険の効果のうち、5 ヶ月分につ
いて X2 年度の費用とすることができる。

補遺 7-2　契約を更新した場合

　仮に上記の設例で、X2 年 9 月 1 日に、前年と同様の保険契約を結び（つ
まり、契約を更新し）、前年と同額の保険料を払った場合、以下の仕訳が X2
年 9 月 1 においても為される。

9/1　（借）保険料　120　（貸）現金　120

　この場合、前期に支払った保険料の当期帰属分（50 円）と、当期に支払っ
た保険料全額（120 円）とが合計された、17 ヶ月分の保険料（170 円）が、保
険料勘定の残高となる。

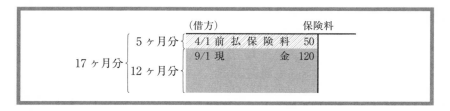

ただし、X2 年度の決算にて、

3/31　（借）前払保険料　50　（貸）保険料　50

という仕訳が行なわれるので、最終的な保険料勘定の残高は、前期に支払った保険料の当期帰属分（50 円）と、当期に支払った保険料の当期帰属分（70 円）とが合計された、12 ヶ月分（120 円）となり、当該金額が X2 年度の費用となる。

<table>
<tr><td rowspan="2">17 ヶ月分</td><td>5 ヶ月分</td><td colspan="2">（借方）　　　　　保険料　　　　　（貸方）
4/1 前 払 保 険 料　50｜3/31 前 払 保 険 料　50</td><td>5 ヶ月分</td></tr>
<tr><td>12 ヶ月分</td><td>9/1 現　　　　　金　120</td><td>12 ヶ月分</td><td></td></tr>
</table>

（2）収益の繰り延べ

　収入の時点がその効果が及ぶ前の時点にあり、収入の効果が期を跨いで及ぶ場合、次期に効果が及ぶ分を当期の収益から除くことを、「収益の繰り延べ」という。考え方は、費用の繰り延べと全く同じである。以下の一連の設例を想定する。

設 例

・X1 年 9 月 1 日、向こう 1 年分の地代 120 円を現金で受け取った。なお、当期は、X1 年 4 月 1 日から X2 年 3 月 31 日までの 1 年間である。

・X2 年 3 月 31 日、地代に関する未経過分を調整する。

・X2 年 4 月 1 日、前期決算にて行なった地代未経過分の調整についての再振替仕訳を行なう。

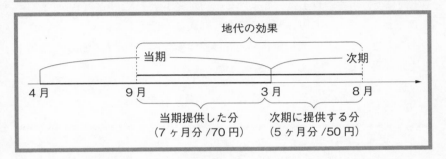

この設例では、X1 年 9 月 1 日に 1 年分（X1 年 9 月 1 日～X2 年 8 月 31 日）の地代を受け取っている。それゆえ、この時点での仕訳と、受取地代勘定を示すと、

9/1 （借）現金 120 （貸）受取地代 120

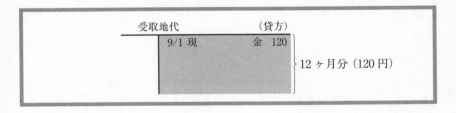

となる。

ただし、上記の図にも見られるとおり、当期が一旦 X2 年 3 月 31 日で終了するため、当期に提供した（土地を貸すという）サービスは、X1 年 9 月 1 日から X2 年 3 月 31 日までの 7 ヶ月分だけである。したがって、このまま

だと1年分（12ヶ月分）の地代がすべて、受取地代として当期の収益に含まれることになるので、未だサービスを提供していない（＝未経過分の）5ヶ月分について、当期の収益から除く必要がある。

　なお、収益に属する受取地代勘定を減額する場合には、借方に受取地代勘定を記録するが、この際、相手勘定として、前受地代勘定という負債に属する勘定を記録する。なぜ、負債に属する勘定を記録するかといえば、地代を1年間分受け取った以上は、期末から契約が終了するX2年8月31日までの間は土地を貸すというサービスを提供する義務が発生しているといえるからである。したがって、受取地代勘定を調整する仕訳と、それを転記した結果とを示すと、以下のとおりとなる。

3/31　（借）受取地代　50　（貸）前受地代　50

　これによって、受取地代勘定の残高が、当期にサービスを提供した7ヶ月分の地代に相当する金額となる。

　最後に、次の期の再振替仕訳を示せば以下のとおりである。

4/1　（借）前受地代　50　（貸）受取地代　50

（3）費用の見越し

「見越し」とは、継続的なサービスの提供が期を跨いで行なわれ、その終了時点で現金収支が生じる場合、サービスの提供が当期に行なわれた分だけ（現金収支を待たずに）費用や収益を計上することである。繰り延べが、現金収支のタイミングの後に（期を跨いで）継続的なサービス提供が行なわれる場合に適用される会計処理であったのに対して、見越しは逆に、継続的なサービスの提供が先に行なわれ、その後に現金収支が生じる場合に適用される。こちらも、費用と収益とのそれぞれのバージョンがある。

まずは、費用の見越しについて検討しよう。以下のような一連の設例を想定する。

> **設例**
> ・X1 年 9 月 1 日、銀行から 100 円の借り入れを現金で行なった（利率年：12％、利払い日：8 月 31 日）。なお、当期は、X1 年 4 月 1 日から X2 年 3 月 31 日までの 1 年間である。
> ・X2 年 3 月 31 日、決算において、支払利息について当期経過分を未払計上する。
> ・X2 年 4 月 1 日、前期決算にて行なった利息経過分の調整についての再振替仕訳を行なう。
> ・X2 年 8 月 31 日、利息の支払いを現金で行なった。

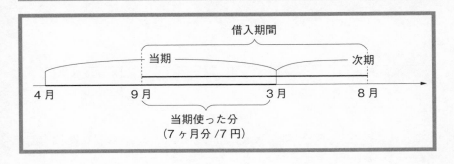

　この設例では、X1 年 9 月 1 日に、銀行から借り入れを行なっている。こ
れを仕訳として記録すれば、

9/1　（借）現金　100　（貸）借入金　100

となる。

　ただし、利息の支払いは X2 年 8 月 31 日であるので、この時点で支払利
息の計上は行なわない。また、さらに、期末は X2 年 3 月 31 日であるので、
期末が到来しても当該借り入れに伴う支払利息の計上はない。しかし、X1
年 9 月 1 日から X2 年 3 月 31 日までの間も金銭の借り入れは行なわれている。
それゆえ、X1 年 9 月 1 日から X2 年 8 月 31 日までの 1 年分の利息のうち、
X1 年 9 月 1 日から X2 年 3 月 31 日までの 7 ヶ月分に相当する利息は、当期中、
借り入れた金銭を自由に使うことによる対価として生じたものといえる。し
たがって、当該 7 ヶ月分（＝当期経過分）に相当する利息を、当期の費用と
して計上する。

　なお、費用に属する支払利息勘定を増額する場合には、借方に支払利息勘
定を記録するが、この際、相手勘定として、未払利息勘定という負債に属す
る勘定を記録する。なぜ、負債に属する勘定を記録するかといえば、7 ヶ月
の間、金銭を借りたということは、後でその分の利息を支払う義務を負うと
考えられるからである。支払利息を調整する仕訳と、それを転記した結果と
を示すと、以下のとおりである。

3/31　（借）支払利息　7　（貸）未払利息　7

(借方)　　　　支払利息　　　　(貸方)	(借方)　　　　未払利息　　　　(貸方)
3/31 未払利息　7	3/31 支払利息　7

　これによって、当期分の借り入れに相当する利息が、支払利息勘定に記録
され、当期の費用としてカウントされることになる。
　続いて、次の期の再振替仕訳を示せば以下のとおりである。

4/1 （借）未払利息 7 （貸）支払利息 7

（借方）	支払利息	（貸方）	（借方）	未払利息	（貸方）
	4/1 未払利息 7		4/1 支払利息 7	4/1 残 高 7	

これによって、未払利息勘定の残高はゼロになる。その一方で、支払利息勘定が、費用に属する勘定にも拘らず一時的に貸方残高になる。そして、利息の支払いを行なった際に、

8/31 （借）支払利息 12 （貸）現金 12

と仕訳され、これが支払利息勘定に転記されることで、X2 年 4 月 1 日から X2 年 8 月 31 日までの 5 ヶ月分の利息のみが X2 年度の費用としてカウントされることになる。

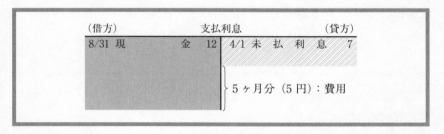

（4）収益の見越し

「収益の見越し」とは、継続的なサービスの提供が期を跨いで行なわれ、その終了時点で収入がもたらされる場合、当期にサービスの提供を行なった分だけ、（収入がなくても）収益を認識する会計処理のことである。以下のような一連の設例を想定しよう。

設 例

・X1 年 9 月 1 日、100 円の貸し付けを現金で行なった（利率年：12%、利払い日：8 月 31 日）。なお、当期は、X1 年 4 月 1 日から X2 年 3 月 31 日までの 1 年間である。

・X2 年 3 月 31 日、決算において、受取利息について当期経過分を未収計上する。

・X2 年 4 月 1 日、前期決算にて行なった利息経過分の調整についての再振替仕訳を行なう。

・X2 年 8 月 31 日、利息の受け取りを現金で行なった。

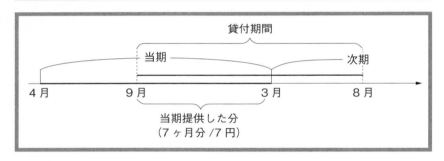

この設例では、X1 年 9 月 1 日に、貸し付けを行なっている。これを仕訳にて記録すれば、

9/1　（借）貸付金　100　（貸）現金　100

となる。

ただし、利息の受け取りは X2 年 8 月 31 日であるので、貸付時点はもちろん、期末においても受取利息の計上は行なわない。しかし、X1 年 9 月 1 日から X2 年 3 月 31 日までの間も金銭の貸し付けは行なわれている。それゆえ、1 年分の利息のうち X1 年 9 月 1 日から X2 年 3 月 31 日までの 7 ヶ月分に相当する利息（7 円）について、当期中、貸し付けた金銭を自由に使わせたことによる対価として生じたものと考えて、当期の収益として計上する。

また、収益に属する受取利息勘定を増額する場合には、貸方に受取利息勘

定を記録するが、この際、相手勘定として、未収利息勘定という資産に属する勘定を記録する。なぜ、資産に属する勘定を記録するかといえば、7ヶ月の間、金銭を貸したということは、後でその分の利息を受け取る権利を得たと考えられるからである。受取利息を調整する仕訳と、それを転記した結果とを示すと、以下のとおりである。

3/31　（借）未収利息　7　（貸）受取利息　7

（借方）	未収利息	（貸方）	（借方）	受取利息	（貸方）
3/31 受取利息　7					3/31 未収利息　7

続いて、次の期の再振替仕訳を示せば以下のとおりである。

4/1　（借）受取利息　7　（貸）未収利息　7

（借方）	未収利息	（貸方）	（借方）	受取利息	（貸方）
4/1 残　高　7	4/1 受取利息　7		4/1 未収利息　7		

　これによって、未収利息勘定の残高はゼロになる。その一方で、受取利息勘定が借方残高になる。そして、利息を受け取った際に、

8/31　（借）現金　12　（貸）受取利息　12

と仕訳され、これが受取利息勘定に転記されることで、X2年4月1日からX2年8月31日までの5ヶ月分の利息のみがX2年度の収益としてカウントされることになる。

（借方）	受取利息	（貸方）
4/1 未 収 利 息 7	8/31 現 金 12	

5ヶ月分（5円）：収益

第 8 章　精算表

　企業の取引を記録し、当該記録をまとめて、最終的に財務諸表を作成するにあたって、最低限のプロセスをまとめると以下のとおりであった。

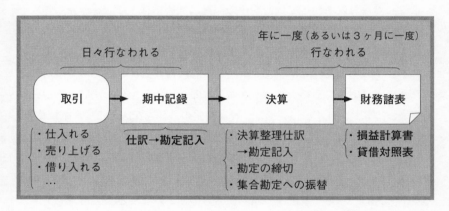

　ただし、第5章で見た試算表のように、記帳の正確性や迅速性を求めて、こうしたプロセスを補助するような表や帳簿が存在する。本章では、第5章にて紹介した試算表に続いて、決算にあたって利用される「**精算表**」という表を紹介する。

第1節　精算表

　決算に必要な最低限のプロセスを振り返ってみると、期中に行なわれた記録に、決算整理（決算整理仕訳とその転記）を行ない（第7章）、勘定の締切を行なって損益勘定と残高勘定とを作成する（第4章第1節）。そして、それを基に損益計算書と貸借対照表とを作成するのであった（第4章第2節）。この他、決算整理を行なうにあたって、期中に行なわれた勘定記録に基づいて試算表を作成したり、決算整理仕訳とその転記とが正しく行なわれていることを確認するために、決算整理終了後に再度、試算表の作成を行なったりする。

　こうした決算にあたっては、期中の記録に加えて様々な記録や表の作成が行なわれるが、こうした決算にて登場する各種の記録（決算整理を行なう直前に作成する試算表、決算修正仕訳、損益勘定や残高勘定の数値など）を1つの表にまとめたものを「精算表」という。1つの精算表にどれくらいの情報を入れ込むかに応じてその形は少しずつ異なるが、ここでは、決算整理前残高試算表、決算整理仕訳、損益勘定、残高勘定の数値を記入する「**8桁精算表**」を紹介しよう（なお、ここで8桁精算表を紹介するのは、これが精算表の中で最も一般的だからである。この他、8桁精算表から決算整理仕訳の記入欄を除いた6桁精算表や、8桁精算表に決算整理後残高試算表の記入欄を加えた10桁精算表などが存在する）。本章で解説する精算表も含め、これまで本書で解説してきた複式簿記の手続きを図にまとめると、次頁のとおりである。

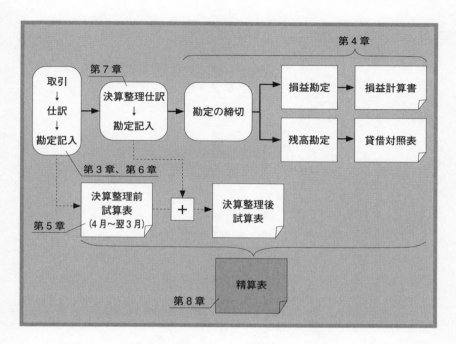

　それでは、具体的な数値を用いながら精算表がどのような表であるかを紹介しよう。まず、決算に際して、決算整理前の各種の勘定は以下のとおりであったとする。

（借方）	現金	（貸方）
4/1 残　高 700	12/1 仕　入　600	
3/1 売　上 900		

（借方）	資本金	（貸方）
	4/1 残　高 1,000	

（借方）	繰越商品	（貸方）
4/1 残　高 400		

（借方）	繰越利益剰余金	（貸方）
	4/1 残　高 100	

（借方）	仕入	（貸方）
12/1 現　金 600		

（借方）	売上	（貸方）
	3/1 現　金 900	

これを基に、残高試算表を作成すれば以下のとおりとなる。

決算整理前残高試算表
X1 年 4 月 1 日～ X2 年 3 月 31 日（単位：円）

借　方　残　高	勘 定 科 目	貸　方　残　高
1,000	現　　　　　金	
400	繰　越　商　品	
	資　　本　　金	1,000
	繰越利益剰余金	100
	売　　　　　上	900
600	仕　　　　　入	
2,000		2,000

　決算にあたって、期末商品棚卸高が 500 円であり、この他に決算整理事項はなかったと仮定する。この際、決算整理仕訳は以下のとおりとなる。

　　　3/31　（借）仕入　　　　400　（貸）繰越商品　400
　　　　　　（借）繰越商品　500　（貸）仕入　　　　500

　これを反映した勘定は以下のとおりである。

（借方）	現金	（貸方）
4/1 残　　高 700	12/1 仕　　入　600	
3/1 売　　上 900		

（借方）	資本金	（貸方）
	4/1 残　　高 1,000	

（借方）	繰越商品	（貸方）
4/1 残　　高 400	3/31 仕　　入　400	
3/31 仕　　入 500		

（借方）	繰越利益剰余金	（貸方）
	4/1 残　　高 100	

（借方）	仕入	（貸方）
12/1 現　　金 600	3/31 繰越商品 500	
3/31 繰 越 商 品 400		

（借方）	売上	（貸方）
	3/1 現　　金　900	

　これを基に、損益勘定と残高勘定とを作成すると、次頁のとおりとなる。

(借方)		損益		(貸方)	
3/31	仕　　　　　入	500	3/31 売　　　　　上		900
3/31	繰越利益剰余金	400			
		900			900

(借方)		残高		(貸方)	
3/31	現　　　　　金	1,000	3/31 資　　本　　金		1,000
3/31	繰　越　商　品	500	3/31 繰越利益剰余金		500
		1,500			1,500

　なお、第4章の例とは異なり、商品売買に関する仕訳が三分法で行なわれ
ているため、損益勘定において売上原価が「仕入」として記録されているこ
とに注意しよう。この場合にも、損益計算書においては、「売上原価」と表
示する。

　また、勘定の締切に伴って、前期までの当期純利益の蓄積を表していた繰
越利益剰余金勘定の残高（100）に、損益勘定から当期純利益（400）が振り
替えられる。その結果、当該残高が、当期までの当期純利益の蓄積（500）
を表すようになった上で、残高勘定へと振り替えられている点にも注意しよ
う。

　以上の一連の決算手続きを前提に、精算表を作成すると以下のとおりであ
る（関連するデータも並べて載せてある）。

精算表

X1年4月1日～X2年3月31日 （単位：円）

勘定科目	試算表 借方	試算表 貸方	修正記入 借方	修正記入 貸方	損益 借方	損益 貸方	残高 借方	残高 貸方
現　　　金	1,000						1,000	
繰　越　商　品	400		500	400			500	
資　本　金		1,000						1,000
繰越利益剰余金		100						100
売　　　上		900				900		
仕　　　入	600		400	500	500			
当　期　純　利　益					400			400
	2,000	2,000	900	900	900	900	1,500	1,500

決算整理前残高試算表

X1年4月1日～X2年3月31日（単位：円）

借方残高	勘定科目	貸方残高
1,000	現　　　金	
400	繰　越　商　品	
	資　本　金	1,000
	繰越利益剰余金	100
	売　　　上	900
600	仕　　　入	
2,000		2,000

（借）仕　入　　400　（貸）繰越商品　400
（借）繰越商品　500　（貸）仕　入　　500

仕入	400	（貸）	繰越商品	400
繰越商品	500	（貸）	仕　入	500

繰越商品

(借方)		残高			(貸方)
3/31 現　金	1,000		繰越商品		400
3/31 繰　越　商　品	500		仕　入		500
	1,500				

損益

(借方)		残高			(貸方)
3/31 仕　入	500		売　上		900
3/31 繰越利益剰余金	400				
	900				900

			(貸方)
3/31 資　本　金		金	1,000
3/31 繰越利益剰余金		品	500
			1,500

			(貸方)
3/31 売　上		上	900
			900

第 2 節　精算表の作成方法

それでは、前節で紹介した精算表の作成方法について解説しよう。

前頁にあるとおり、8 桁精算表は、決算整理前試算表の数値を記入する欄、決算整理仕訳を記入する欄、損益勘定の数値を記入する欄、残高勘定の数値を記入する欄、の 4 つの欄が存在し、それぞれの欄に貸借が存在しているため、8（=4 欄× 2）桁精算表と呼ばれる。先にも触れたとおり、精算表は 8 桁精算表がすべてではないが、本書では、精算表の中でも最も基本的なこの 8 桁精算表を前提に解説する。

精算表を作成する際には、まず、「試算表」欄に、決算整理前残高試算表の数値をそのまま記入する。

次に、下記の図のとおり、「修正記入」欄に当期の決算整理仕訳を反映する。具体的には、決算整理仕訳で登場した勘定について、決算整理仕訳にて、借方記入があれば「修正記入」欄の借方にその金額を記入し、貸方記入があれば「修正記入」欄の貸方にその金額を記入する。この例では、繰越商品勘定について、決算整理仕訳にて、借方に 500、貸方に 400 の記入が行なわれたため、精算表の「繰越商品」の行の「修正記入」欄にて、借方に 500、貸方に 400 の記入が行なわれている（仕入勘定も同様である）。

| （借）仕入　　　400 | （貸）繰越商品　400 |
| （借）繰越商品　500 | （貸）仕入　　　　500 |

精算表
X1 年 4 月 1 日〜 X2 年 3 月 31 日

勘定科目	試算表		修正記入		損益	
	借方	貸方	借方	貸方	借方	貸方
現　　　金	1,000					
繰 越 商 品	400		500	400		
資　本　金		1,000				

　すべての決算整理仕訳を「修正記入」欄に記入したら、各行の数値を横に足し引きしつつ、計算結果を「損益」欄、または、「残高」欄へと記入する（ここからのプロセスについては、下記の図も参照）。足し引きは、貸借同じ位置にある数字を足し、逆にある数字を引く。計算結果を記入する欄は、資産、負債、資本に属する勘定であれば、「残高」欄、収益、費用に属する勘定であれば、「損益」欄である。

　この例でいえば、「繰越商品」の行には、「試算表」欄の借方に400、「修正記入」欄の借方に500、貸方に400と数値が記入されている。それゆえ、借方同士を足し、貸方の数値を差し引いて計算された結果は500（＝400＋500－400）であり、この数値を、同じ行の「残高」欄へと記入する。また、「仕入」の行には、「試算表」欄の借方に600、「修正記入」欄の借方に400、貸方に500と数値が記入されている。それゆえ、借方同士を足し、貸方の数値を差し引いて計算された結果は500（＝600＋400－500）であり、この数値を、同じ行の「損益」欄へと記入する。

精算表

X1年4月1日〜X2年3月31日

（単位：円）

勘定科目	試算表		修正記入		損益		残高	
	借方	貸方	借方	貸方	借方	貸方	借方	貸方
現　　　　金	1,000						1,000	
繰 越 商 品	400		500	400			500	
資　　本　　金		1,000						1,000
繰越利益剰余金		100						100
売　　　　上		900				900		
仕　　　　入	600		400	500	500			

　なお、「修正記入」欄への記入がない行については差し引きゼロと考えて、「試算表」欄の数値をそのまま「損益」欄、または、「残高」欄へと記入する。

　「当期純利益」の行を除くすべての行について、「損益」欄と「残高」欄への記入が終わったら、「損益」欄の借方合計と貸方合計とが一致するように、「当期純利益」の行の「損益」欄の借方に数値を記入する（ここからのプロセ

スについては、下記の図も参照）。この例では、「損益」欄の貸方合計額は 900
であり、（「当期純利益」の行を除く）借方合計は 500 である。それゆえ、「損益」
欄の貸借が一致するためには、借方に 400 だけ数値を記入する必要がある。
したがって、「当期純利益」の行の「損益」欄の借方に 400 と記入する。こ
のように、当期純利益の場合には、「借方合計＜貸方合計」となるので、借
方に数値を記入することになる。なお、反対に、当期純損失の場合には、貸
方に数値を記入する（この場合、行の名称も「当期純損失」となる）。

　「当期純利益」の行の「損益」欄に記入が終わったら、同じ行の「残高」
欄の貸方に同額の記入を行なう（当期純損失であれば、借方に記入する）。こ
の例では、「損益」欄の借方に 400 と記入されているので、「残高」欄の貸方
に 400 と記入する。

精算表

X1 年 4 月 1 日〜 X2 年 3 月 31 日　　　　　（単位：円）

勘定科目	試算表		修正記入		損益		残高	
	借方	貸方	借方	貸方	借方	貸方	借方	貸方
現　　　金	1,000						1,000	
繰 越 商 品	400		500	400			500	
資　本　金		1,000						1,000
繰越利益剰余金		100						100
売　　　上		900				900		
仕　　　入	600		400	500	500			
	2,000	2,000						
当 期 純 利 益					400			400
			900	900	900	900	1,500	1,500

　最後に、「残高」欄の借方と貸方とを、それぞれ合計する。貸借が一致す
れば、無事、精算表の作成は終了である。

第9章 複式簿記の歴史

第1節　中世イタリア

　複式簿記の起源については種々の説があるが、まずは中世イタリアとされており、最古の史料としては1211年のフィレンツェの両替商の帳簿に複式簿記の存在が認められるとされている。

　このあたりを起点とすれば、したがって、複式簿記は今日に至るまで800年もの間、用いられてきており、しかも、不変に用いられてきているが、それはこの複式簿記が極めて完成度の高いシステムであるからにほかならない。

第2節　複式簿記の成立プロセス

　第1章に述べられたように、複式簿記は、取引のもつ二面性ゆえに複式記入をもっておこなわれる財産にかんする記録、あるいは、取引のもつ二面性ゆえに複式記入をもっておこなわれる資本と利益の記録、として捉えられるが、この複式記入はどのように成立したのであろうか。

　既述のように、簿記において資産等々の増減等を記録するための細分された単位を勘定というが、この勘定というものは、次頁に示されるように、実在勘定というものと名目勘定というものに大別され、また、実在勘定は人名勘定というものと物財勘定というものに分けられる。

勘定の分類と生成順序

```
        ┌         ┌①人名勘定
        │ 実在勘定 ┤
勘定 ┤    ↓    └②物財勘定（例：現金勘定、土地勘定）
        │
        └③名目勘定（例：受取利息勘定、給料勘定）
```

　歴史的にいえば、これらは［実在勘定 → 名目勘定］の順に生成したとされ、細かくいえば、［①人名勘定 → ②物財勘定 → ③名目勘定］の順に生成したとされる。

　人名勘定は、要するに、債権・債務の勘定であって、すなわち、例えば「ダティーニ氏に XXX リラを貸した」とか、「メディチ氏に XXX リラを借りた」といった記録をするためにダティーニ氏勘定やメディチ氏勘定を設けるということである。

　簿記は債権の備忘記録から始まった、とされる。この債権の備忘記録とは、つまり、人にカネを貸した場合に、そのことを忘れてしまわないように「ダティーニ氏に XXX リラを貸した」と記録しておく、ということである。これは貸し手としては当然におこなうべきことであって、また、カネ貸しという行為は古くからおこなわれていたために、こうした記録も古くからおこなわれていた、ということである。

　そうした意味において、まずもって生成をみたのは人名勘定であった。

　（なお、他方、人にカネを借りた場合に、そのことを忘れてしまわないように「メディチ氏に XXX リラを借りた」と記録しておく、という債務の備忘記録も、借り手として当然におこなうべきことかどうか、また、古くからおこなわれていたかどうか。これについては何ともいえない。）

　また、名目勘定は、要するに、収益・費用の勘定であって、資産などの増減の原因を示すものとされるが、複式記入はこの名目勘定の生成（③の段階）をもって成立した、別言すれば、名目勘定の生成によってすべての取引を二面的に把握することができるようになった、とされる。

　すなわち、前述の人にカネを貸した場合、あるいは例えば土地を購入した

場合には②の段階において、すなわち人名勘定および物財勘定（現金勘定と土地勘定）のみをもって二面的に把握することができるが、例えば使用人に給料を支払ったという取引は、②の段階においては、現金という資産の減少という面しか把握されない。

そこで給料勘定という名目勘定が用いられる。給料は費用であって、費用の勘定は資産の減少の原因（ないし負債の増加の原因）を示す。名目勘定を用いることによって、現金という資産の減少およびその原因としての給料の支払い、という二面的な把握ができるようになる、というわけである。

このような名目勘定が生成し、複式記入が成立し、複式簿記が成立したのは中世イタリアにおいてのことであった。

▌第3節　ルカ・パチョーリの『スムマ』

ときに「複式簿記の祖」などとも称されるルカ・パチョーリ（Luca Pacioli）（姓のみの場合はパチョーロ（Paciolo））は中世イタリアの数学者にして修道僧であった。イタリアの各地において教鞭を執り、また、数学書を執筆、1494年、ベネツィアにおいて『スムマ』（Summa）を刊行している。

Summa de Arithmetica Geometria Proportioni et Proportionalita、『算術、幾何、比、および比例全書』などと訳されるこの書は一般に『スムマ』（『全書』）の略称をもって知られ、この数学の書は第1部第9篇第11論説「計算および記録にかんする詳論」において複式簿記を説いている。

財産目録の作成、日記帳、仕訳帳、および元帳における処理、諸勘定の記帳、ならびに帳簿の締め切りなどといった事柄がかなり詳細に解説されているこの『スムマ』はときに「世界最初の複式簿記書」などとして紹介され、また、著者パチョーロはときに「複式簿記の祖」などとして紹介されるのである。

もっとも、「複式簿記の祖」とも称されるパチョーロは、しかし、彼自身が複式簿記の創始者ではないことはいうまでもなく、また、自らがこの簿記を案出したかのように述べているわけでもない。いわく、「本論説は記帳の

方法を説く。……ベネツィアにおいて用いられている方法による。これは種々の方法のなかにあって推奨に値するものである」。

さて、パチョーロの貢献、『スムマ』の意義は何か。それは複式簿記の伝播にほかならず、それはまた、『スムマ』が俗語によって書かれ、印刷に付された書であったことによっている。

この書が刊行されたのは活版印刷の技術が実用化をみてほどない頃のことであった。ヨハネス・グーテンベルク（Johannes Gutenberg）が特殊な金属の字型をもって活版印刷の技術の実用化に成功したのは 1450 年前後のこととされ、また、イタリアにおける印刷書の登場は 1470 年代のこととされており、すなわち、この書はごく初期の印刷書であった。そして、この書は印刷書であったために、多く作られることができ、したがって、広く読まれることができた。

また、当時のベネツィアはイタリア、そしてヨーロッパにおける書籍発行の中心地であって、そうした状況はさまざまなタイプの読者層、さまざまなタイプの書籍の出現をベネツィアにもたらすこととなるが、俗語、すなわちラテン語ではない言葉、すなわちイタリア語による書籍もまた、その一つであった。ラテン語で書かれた書が一般的であったこの当時にあって、『スムマ』はイタリア語によって書かれていた。ラテン語の読み書きが上流の教養人の証であったこの当時にあって、一般の人々にも読むことができるイタリア語の書であったことの意味は大きかった。

かくして、この『スムマ』は複式簿記の伝播、その媒体として大きな意義をもつことができた。

この書は 1523 年に再版されているが、それとは別に、複式簿記を説いた「計算および記録に関する詳論」の部分が抜粋され、1504 年に『商人のための完全な手引き』というタイトルをもって出版されたと未確認ながらもいわれているし、また、『スムマ』の複式簿記は 16 世紀のうちに数か国語に翻訳されるに至っている。俗語によって書かれ、印刷に付されたゆえにこそ、『スムマ』の複式簿記は諸国の複式簿記の原型となってゆくのであった。

第 4 節　複式簿記の伝播

『スムマ』の存在意義は大きかったが、しかし、むろん、複式簿記は独り『スムマ』のみをもって伝播をみたわけではなく、『スムマ』に後続する種々の簿記書、あるいはイタリア商人との取引関係などをつうじ、諸国は複式簿記の卓越性を知るのであった。「イタリア式簿記」ないし「ベネツィア式簿記」という場合、それは複式簿記を意味することとなり、複式簿記はネーデルラント、フランス、スコットランド等、各地に伝播をみてゆくのであった[1]。

なお、日本における複式簿記の伝播については概して『銀行簿記精法』（1873年（明治6年））および『帳合之法　二編』（1874年（明治7年））がその媒体とされている。『銀行簿記精法』は明治政府のお雇い外国人アレクサンダー・アラン・シャンド（Alexander Allan Shand）（スコットランド人）によって著され、また、『帳合之法　二編』はアメリカの簿記のテキストを福澤諭吉が翻訳したものであった[2,3]。

1　その後の複式簿記の伝播について下記のものを参照。
　　友岡賛『歴史にふれる会計学』1996年、83 ～ 97、110 ～ 115頁。
2　『帳合之法　初編』（1873年（明治6年））は複式簿記を扱っていない。
3　このシャンドおよび福澤の書をめぐる詳細および明治期の状況について下記のものを参照。
　　友岡賛『日本会計史』2018年、第2章および第3章。

索引

著者紹介

友岡 賛（ともおか すすむ）·······················第1章、第9章

慶應義塾大学卒業。
慶應義塾大学教授を経て慶應義塾大学名誉教授。
横浜商科大学教授。

著書（単著のみ）

『近代会計制度の成立』有斐閣、1995年
『歴史にふれる会計学』有斐閣、1996年
『株式会社とは何か』講談社現代新書、1998年
『会計プロフェッションの発展』有斐閣、2005年
『会計の時代だ』ちくま新書、2006年
『「会計」ってなに？』税務経理協会、2007年
『なぜ「会計」本が売れているのか？』税務経理協会、2007年
『六本木ママの経済学』中経の文庫、2008年
『会計学はこう考える』ちくま新書、2009年
『会計士の誕生』税務経理協会、2010年
『会計学原理』税務経理協会、2012年
『会計学の基本問題』慶應義塾大学出版会、2016年
『会計の歴史』税務経理協会、2016年（改訂版、2018年）
『会計と会計学のレーゾン・デートル』慶應義塾大学出版会、2018年
『日本会計史』慶應義塾大学出版会、2018年
『会計学の考え方』泉文堂、2018年
『会計学の地平』泉文堂、2019年
『会計学の行く末』泉文堂、2021年
『会計学を索ねて』慶應義塾大学出版会、2022年

木村 太一（きむら たいち）·······················第2章～第8章

慶應義塾大学卒業。
多摩大学専任講師を経て慶應義塾大学准教授。

著書・主要論攷

『新版　財務会計論（3訂版）』税務経理協会、2019年（4訂版、2022年）（共著）
「子会社増資に伴う親会社持分の変動」『會計』第195巻第4号、2019年
「機会費用と財務会計」『産業經理』第80巻第2号、2020年
「持分移動の記録」『簿記研究』第5巻第1号、2022年
「全体利益は1つか」『産業經理』第83巻第2号、2023年

入門講義　簿記論

2024年4月10日　初版第1刷発行

著　者―――友岡賛・木村太一
発行者―――大野友寛
発行所―――慶應義塾大学出版会株式会社
　　　　　　〒108-8346　東京都港区三田 2-19-30
　　　　　　TEL　〔編集部〕03-3451-0931
　　　　　　　　　〔営業部〕03-3451-3584〈ご注文〉
　　　　　　　　　〔　〃　〕03-3451-6926
　　　　　　FAX　〔営業部〕03-3451-3122
　　　　　　振替　00190-8-155497
　　　　　　https://www.keio-up.co.jp/
装丁―――――後藤トシノブ
印刷・製本――株式会社加藤文明社
カバー印刷――株式会社太平印刷社

Ⓒ2024　Susumu Tomooka, Taichi Kimura
Printed in Japan　ISBN 978-4-7664-2947-3